Wir alle A1.1

Kurs- und Übungsbuch mit Audios und Videos

Ernst Klett Sprachen
Stuttgart

Autorin Bettina Melchers, Las Rozas de Madrid
Projektteam Redaktion Enikő Rabl, Coleen Clement, Berlin
Herstellung Claudia Stumpfe
Layoutkonzeption und Satz Bettina Hermann, Stuttgart
Illustrationen Jani Spennhoff, Barcelona
Umschlaggestaltung Sabine Kaufmann
Reproduktionen Meyle + Müller, Medien-Management, Pforzheim; Corinna Rieber, Marbach

Wir alle A1
zweibändige Ausgabe:

Kurs- und Übungsbuch A1.1 mit Audios und Videos online	978-3-12-674003-6
Kurs- und Übungsbuch A1.2 mit Audios und Videos online	978-3-12-674004-3
Testheft A1 mit Audios online	978-3-12-674005-0
Unterrichtshandbuch A1	978-3-12-674006-7
Digitales Unterrichtspaket A1 mit interaktiven Tafelbildern	NP00867400601
einbändige Ausgabe:	
Kursbuch A1 mit Audios und Videos online	978-3-12-674001-2
Übungsbuch A1 mit Audios und Videos online	978-3-12-674002-9

Spielvorlagen, Unterrichtspläne u.v.m. zum Download unter **www.klett-sprachen.de/wir-alle**
Audio- und Videodateien zum Download unter **www.klett-sprachen.de/wir-alle/medienA1**
Code: **wia11&av1-2**

Zu diesem Buch gibt es Audios und Videos, die mit der Klett-Augmented-App geladen und abgespielt werden können.

Klett-Augmented-App kostenlos downloaden und öffnen

Seiten mit Audios oder **Videos** scannen

Audios und Videos laden, direkt nutzen oder speichern

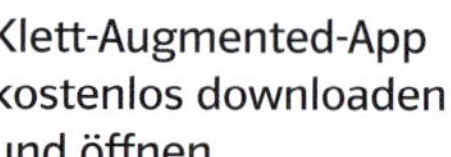

Scannen Sie diese Seite für weitere Komponenten zu diesem Titel.

1. Auflage 1 5 4 3 | 2024 2023 2022

Das Lehrwerk ist auf der Basis von **Wir neu** entstanden © 2015 Ernst Klett Sprachen GmbH, Stuttgart.
Originalausgabe von Giorgio Motta © Loescher Editore S.r.L, Torino.

Druck und Bindung Elanders GmbH, Waiblingen

ISBN 978-3-12-674003-6

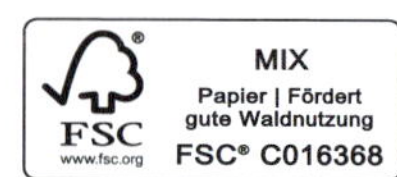

Hallo!
Das ist dein Deutschbuch.
Findest du die Teile?

Start

Modul mit Aufgaben, Spielen, Liedern, Mini-Projekten und Online-Übungen

Lernwortschatz

Übungen zum Modul und Grammatik-Clips

Fertigkeitentraining

Grammatik mit Grammatik-Clips

Landeskunde mit Film

Symbole im Buch

1.03	hören
Film 1	Film sehen
Clip 2	Grammatik-Clip sehen
➔ ÜB 1	Übungen im Übungsbuch-Teil lösen
1	Spiel spielen (Spielvorlage online)
	mit Online-Übungen weiterüben
➔ KB 1–2	die Lernwörter den Kursbuch-Aufgaben zuordnen

In der Deutschstunde

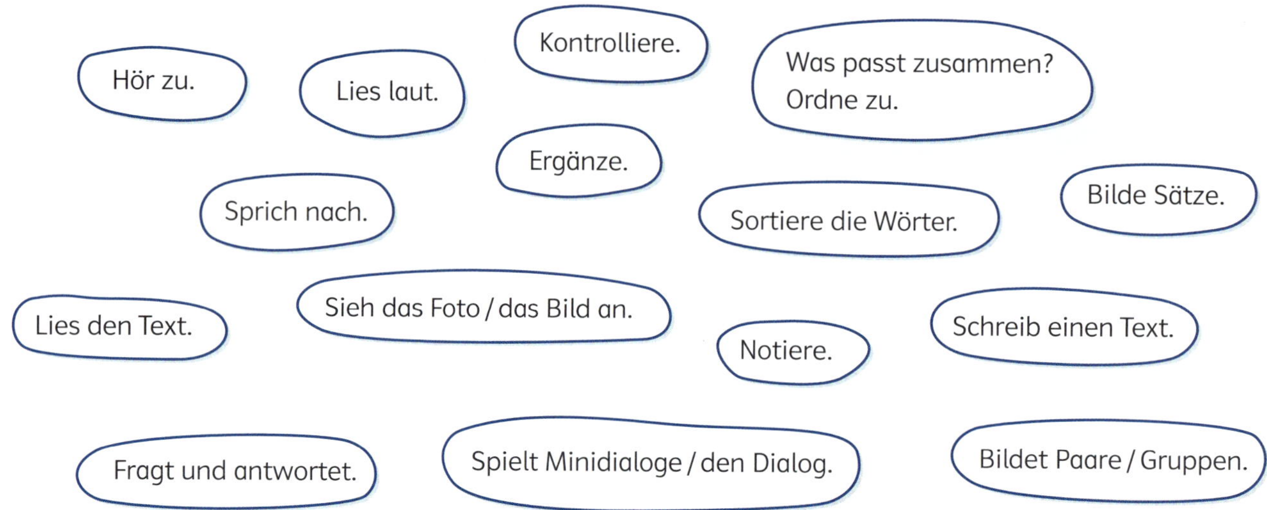

Wir starten

Modul 1+2

Du kannst Deutsch!

1.01

1 Was kennst du? Sieh die Fotos an und hör zu.

Schokolade

Torte

Musik

Stopp!

Deutschland

Computer

Sport

Super!

Fußball

Auto

Schi

Hallo!

Hamburger

1.02

2 Welcher Text ist auf Deutsch? Hör zu.

3 Hier spricht man Deutsch. Ordne die Länder zu.

Deutschland | Österreich | Schweiz

Hallo!

1.03

1 Was sagen sie? Hör zu.

1.04

2 Hör zu und sprich nach.

3 Spielt Minidialoge im Klassenraum.

- Hallo! Ich bin … Und du?
- Ich bin …

4 Namen für Mädchen und für Jungen. Mach zwei Listen.

Felix	Tim	Lena	Leon	Anna	Max	Tobias
Patrick	Mia	Ben	Lilly	Lisa	Lukas	Annika
Jonas	Paul	Emilia	Kira	Marlene	Emil	Emma

1.05

5 Alles richtig? Hör zu.

ÜB 2–3

Das Alphabet

A	B	C	D	E	F	G	H	I	J	K	L	M	N
a	b	c	d	e	f	g	h	i	j	k	l	m	n
a	be	ce	de	e	eff	ge	ha	i	jott	ka	el	em	en

O	P	Q	R	S	T	U	V	W	X	Y	Z
o	p	q	r	s	t	u	v	w	x	y	z
o	pe	ku	er	es	te	u	vau	we	iks	ypsilon	zett

ẞ	Ä	Ö	Ü
ß	ä	ö	ü
eszett	a Umlaut	o Umlaut	u Umlaut

1.06 **1** **Hör die Buchstaben und sprich nach.**

1.07 **2** **Hör das Alphabet und sprich mit.**

1.08 **3** **Was fällt dir auf? Lies und hör die Wörter.**

Schule | hören | zählen | müde | ich | vier | acht | Schweiz | sieben | neun

1.08 **4** **Hör noch einmal und sprich nach.**

ÜB 4–7 **5** **Wir spielen! Bildet Paare.**

Person A buchstabiert eine Stadt von der Landkarte im Buch. Person B schreibt.
Der Lehrer / Die Lehrerin sagt „Stopp!". Welches Paar hat die meisten Namen?

Die Zahlen

1.09

1 Hör die Zahlen und sprich nach.

2 Welche Zahlen siehst du auf den Fotos?

1.10

3 Wie ist die Telefonnummer? Hör zu und notiere.

Anna: 0160 45 67 88
Lukas:
Emilia:

ÜB 8–10

4 Fragt und antwortet in der Klasse.
Schreibt eine Liste mit Telefonnummern.

Das sind wir!

Modul 1

Du lernst Familie Lenz kennen.
Wo wohnen sie?
Kennst du die Stadt?

Das lernst du:

- andere begrüßen und dich verabschieden
- dich und andere vorstellen
- deine Familie beschreiben
- bis 1000 zählen
- den Wohnort angeben
- sagen, wie es dir geht

1 Wer ist das?

1 Hallo! Ich heiße Felix. Wie heißt du?

2 Hi! Ich bin Lena. Wer bist du?

3 Oh! Und das ist Minka. Minka ist eine Katze!

1.11

1 Wer ist das? Hör zu.

2 Lies laut und ergänze dabei.

Hallo! Ich ... Felix. Wie ... du?
Hi! Ich ... Lena. Wer ... du?

3 Spielt Minidialoge.

- ● Hallo! Ich heiße … Wie heißt du?
- ○ Hallo! Ich bin …

Kommunikation

Hallo!	Ich heiße …	Wie heißt du?
Hi!	Ich bin …	Wer bist du?

ÜB 1–3

4 Kettenübung. Fragt und antwortet.

Ich heiße Jonas. Wie heißt du? ▶ Ich heiße Lisa. Wie heißt du? ▶ …

Ich bin Paul. Wer bist du? ▶ Ich bin …

Grammatik

ich heiße	ich bin
du heißt	du bist

1.12

5 **Wie heißt die Lehrerin? Hör zu.**

6 **Wer ist das? Ordne die Namen zu.**

Frau Kern | Tim | Herr Richter | Annika

1

2

3

4

1.13

7 **Hör zu und kontrolliere.**

ÜB 4–6

8 **Stellt die Personen aus Aufgabe 6 vor. Fragt und antwortet.**

- Wer ist das?
- Das ist …

Kommunikation

- Wer ist das?
- Das ist Frau …
- Das ist Herr …

 1.14

ÜB 7

9 Hör die Zahlen und sprich nach.

Zahlen 11–20

11	12	13	14	15
elf	zwölf	dreizehn	vierzehn	fünfzehn
16	**17**	**18**	**19**	**20**
sechzehn	siebzehn	achtzehn	neunzehn	zwanzig

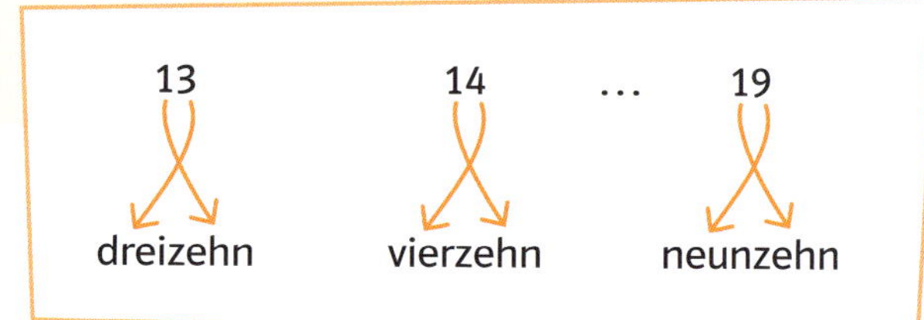

 1.15

10 Welche Zahl hörst du: a oder b?

1. **a.** 19 **b.** 9
2. **a.** 11 **b.** 12
3. **a.** 16 **b.** 17
4. **a.** 12 **b.** 20
5. **a.** 6 **b.** 16

ÜB 8–9

11 Was kommt jetzt? Lest zu zweit. Ergänzt die Reihen.

1. 2 | 4 | 6 | … | … | …
2. 1 | 6 | 11 | …
3. 19 | 17 | 15 | … | … | …
4. 20 | 15 | 10 | …
5. 2 | 4 | 8 | …

12 Wir spielen! Bildet Paare.

Jeder denkt an eine Zahl (1–10). Auf „Los!" zeigt ihr die Zahl mit den Fingern. Wie viele Finger sind es insgesamt? Wer sagt zuerst die richtige Zahl? Die Person bekommt einen Punkt!

 1

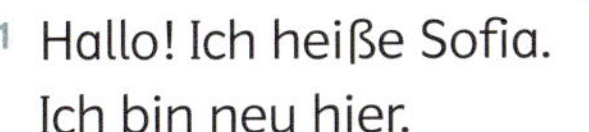

1.16

13 **Wie alt ist Sofia? Hör zu.**

a. zwölf **b.** vierzehn **c.** fünfzehn

14 **Lies laut und ergänze dabei.**

- ● Ich heiße Sofia. Ich bin ••• hier.
- ○ Wie ••• bist du?
- ● Ich bin 14. Und du?
- ○ Ich •••!

15 **Spielt Dialoge.**

- ● Wie alt bist du?
- ○ Ich bin … Und du?
- ● Ich …

Kommunikation

- ● Wie alt bist du?
- ○ Ich bin … (Jahre alt). Und du?
- ● Ich auch!

B 10–11 **16** **Kettenübung. Fragt und antwortet.**

Ich bin 10. Wie alt bist du? ▶ Ich bin 11. Wie alt bist du? ▶ …

 ÜB 12

17 Was sagt Lena? Ergänze.

Sofia | 14 | Hallo | neu

Grammatik

Das ist **Sofia**. **Sie** ist neu.
Das ist **Felix**. **Er** ist 11.

ÜB 13–18

18 Wer ist das? Lies die Texte und ordne die Fotos zu.

a. Das ist Ben. Er ist ein Freund von Lena.

b. Das ist Herr Holland. Er ist ein Lehrer von Lena.

c. Das ist Lisa. Sie ist eine Freundin von Felix.

d. Das ist Frau Richter. Sie ist eine Lehrerin von Felix.

Grammatik

ein Freund	**ein** Lehrer
eine Freundin	**eine** Lehrerin

19 Spielt Dialoge.

- Hallo! Wer bist du?
- Ich heiße … Ich bin ein Freund / eine Freundin von …
- Aha! Ich heiße …

1.17

20 Kommen sie oder gehen sie? Hör zu.

Kommunikation

Guten Tag!	Auf Wiedersehen!
Hallo!	Tschüss!
Hi!	Bis morgen!

1.18

21 Hör noch einmal und sprich nach.

ÜB 19

22 Spielt Dialoge. Begrüßt euch, stellt euch vor und verabschiedet euch.

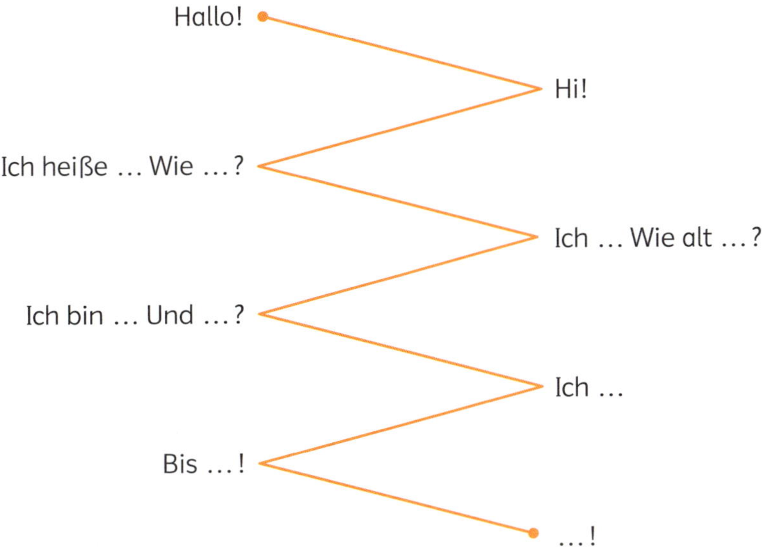

Wortschatz

1 **Ergänze die Sätze.**

Lehrerin | Freund | Freundin | Lehrer | neu | Katze

1. Leon ist ein … von Felix.
2. Sofia ist … Sie ist eine … von Lena.
3. Ein … von Lena heißt Herr Meier.
4. Frau Scholl ist eine … von Leon und Felix.
5. Minka ist eine …

2 **Was passt zusammen? Ordne zu.**

1. Hallo, ich bin
2. Und wie
3. Ich
4. Wie alt
5. Ich bin 12
6. Bis
7. Auf

a. bist du?
b. morgen!
c. heiße Tim.
d. Jahre alt.
e. Wiedersehen!
f. Lena.
g. heißt du?

3 **Ergänze die Reihen. Lies laut.**

2 | 4 | 6 | … | … | … | … | … | … | …

3 | 6 | 9 | … | … | …

4 | 8 | … | … | …

5 | 10 | … | …

Aussprache

1.19

1 **Hör zu. Achte auf die Vokale. Was fällt dir auf?**

•	Hallo	elf	ich	Sport	und
_	Tag	Lehrer	sie	Foto	du

1.19

2 **Hör noch einmal und sprich nach.**

1.20

3 **Kurz oder lang? Hör zu und zeig die Länge.**

super | Stopp | Schi | Fußball | Musik | acht | hier | Lehrerin | Katze

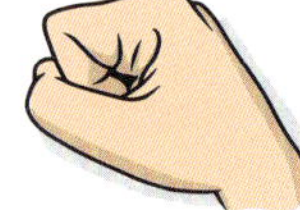

1.21

Lied: Begrüßungslied

Guten Morgen! Guten Morgen!
Hallo! Hi! Hallo! Hi!
Tschüss! Auf Wiedersehen! Tschüss! Auf Wiedersehen!
Tschau! Bis bald! Tschau! Bis bald!

Deutsch im Alltag

Welche deutschen Wörter findest du in deiner Sprache? Sammelt und macht ein Poster.

Kannst du das?

1. Lies die Zahlen.	11 | 12 | 15 | 17 | 20
2. Reagiere.	Hallo! Wie heißt du? Auf Wiedersehen!
3. Wie ist die Frage?	…? ▶ Ich heiße Annika. …? ▶ Das ist Frau Kern. …? ▶ Ich bin 12.
4. Stell die Person vor.	Lukas | 12 Jahre | neu

2 Das ist meine Familie

Das ist meine Familie.
Das ist mein Vater. Er heißt Robert.
Und das ist meine Mutter. Sie heißt Anja.
Das ist mein Bruder Felix und das bin ich!
Das ist mein Opa Franz und das ist meine Oma Erika.

1.22

1 **Wie heißen die Personen auf den Fotos? Hör zu.**

ÜB 1–2

2 **Lies laut und ergänze dabei.**

Das ist meine Familie.
Das ist mein … . Er heißt Robert.
Und das ist meine … . Sie heißt Anja.
Das ist mein … Felix und das bin ich!
Das ist mein … Franz und das ist meine … Erika.

Grammatik

mein Vater
meine Mutter

3 Lies den Stammbaum von Lena. Ergänze die Namen.

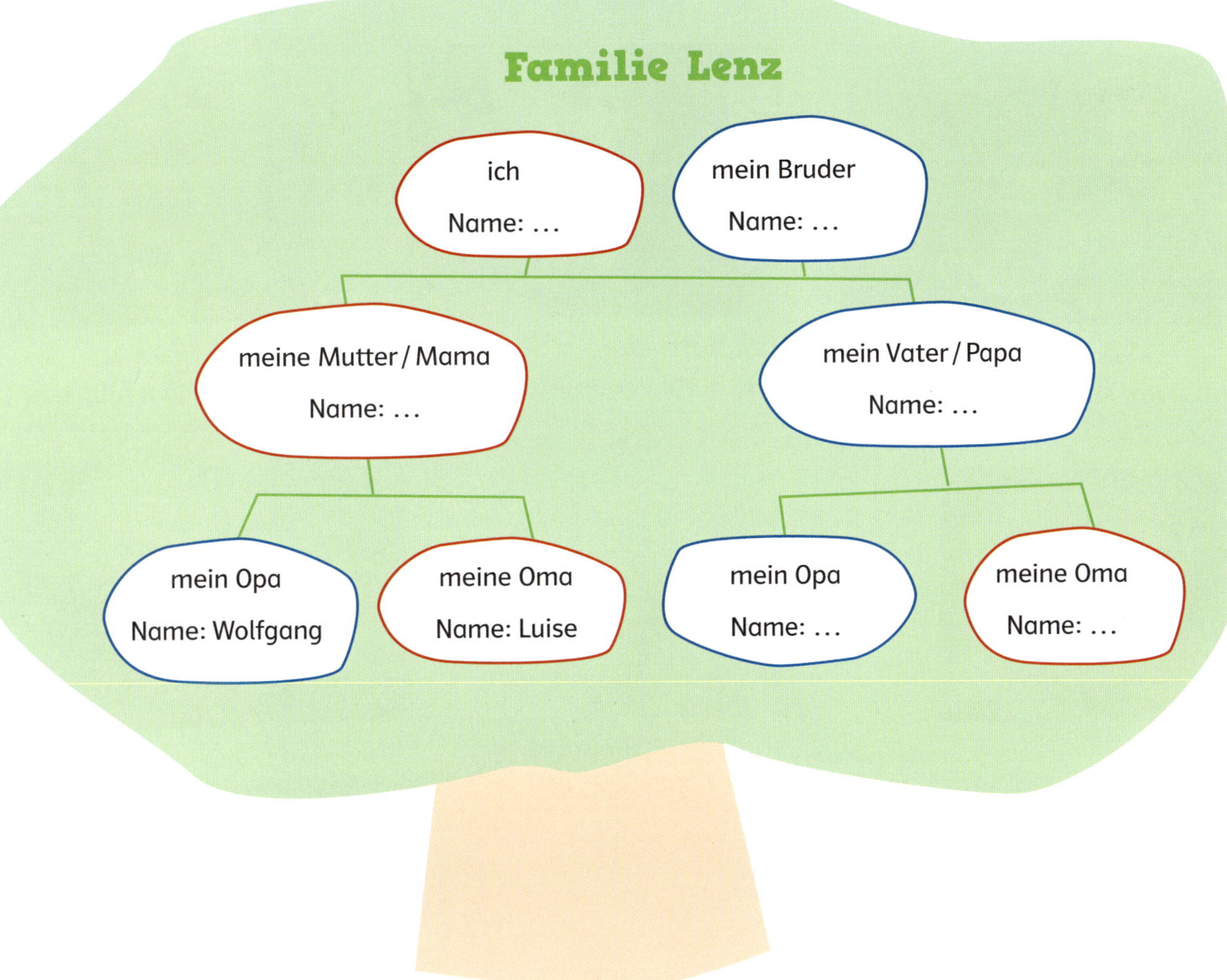

4 Und deine Familie? Zeichne einen Stammbaum. Stell deine Familie vor.

Mein Vater heißt …
Meine Mutter heißt …
Meine Schwester / Mein Bruder heißt …

Kommunikation

Das ist …

mein Opa	mein Vater	mein Bruder
meine Oma	meine Mutter	meine Schwester

ÜB 3–4

5 Fragt und antwortet.

- ● Wie heißt dein Opa?
- ○ Er heißt …

- ○ Wie heißt deine Mutter?
- ● Sie heißt …

Grammatik

ich → **mein** Vater **meine** Mutter
du → **dein** Vater **deine** Mutter

6 **Das Fotoalbum von Familie Lenz. Welche Personen kennst du schon? Welche Personen sind neu?**

1 Anja und Robert Lenz, die Eltern von Felix und Lena

2 Eva Hoffmann, die Tante von Felix und Lena

3 Daniel Hoffmann, der Onkel von Felix und Lena

4 Lukas Hoffmann, der Cousin von Felix und Lena

5 Lilly Hoffmann, die Cousine von Felix und Lena

6 Erika und Franz Lenz, die Großeltern von Felix und Lena

7 Lena und Felix Lenz

ÜB 5–9 **7** **Wer spricht? Lies den Text.**

Das ist meine Familie. Das sind meine Eltern, Anja und Robert. Hier ist meine Tante Eva. Sie ist die Schwester von Papa. Das ist mein Onkel Daniel. Hier sind meine Cousine Lilly und mein Cousin Lukas. Sie sind die Kinder von Onkel Daniel und Tante Eva. Lukas ist 10 Jahre alt. Lilly ist noch ein Baby. Hier sind meine Großeltern, Oma Erika und Opa Franz. Und hier sind meine Schwester Lena und ich!

 2

Grammatik

mein Vater – er
meine Mutter – sie
meine Eltern – sie

ÜB 10

8 Die Familie. Ergänze.

der	**das**	**die**	**die** (Plural)
Bruder	Kind	Schwester	Eltern
…	Baby	…	Kinder
			Großeltern

ÜB 11–14

9 Wer ist das? Fragt und antwortet.

- Wer ist Nummer 2?
- Das ist die Tante von Felix und Lena. Sie heißt Eva Hoffmann.

- Wer ist Nummer 1?
- Das sind die Eltern von Felix und Lena. Sie heißen Anja und Robert Lenz.

- Wer ist Nummer …?
- …

Grammatik

Das ist meine Mutter. Sie heißt Anja.

Das **sind** meine Eltern. Sie **heißen** Anja und Robert.

10 Wir spielen! Bildet Gruppen.

Jede Person bekommt vier Zettel und schreibt Sätze über die eigene Familie. Alle Zettel kommen in einen Sack. Eine Person zieht einen Zettel und formuliert einen Satz wie im Beispiel. Die anderen raten: richtig oder falsch? Richtig geraten? Die Person bekommt den Zettel.

11 Ja oder nein? Lies die Fragen und antworte.

	+	–
1. Ist Lena die Schwester von Lukas?	ja	nein
2. Ist Robert der Bruder von Eva?	ja	nein
3. Sind Lilly und Lukas die Kinder von Daniel?	ja	nein
4. Sind Franz und Erika die Eltern von Lukas?	ja	nein
5. Ist Lilly die Cousine von Lena?	ja	nein

1.23

ÜB 15–17

12 Hör zu und kontrolliere.

Grammatik

Lena **ist** meine Schwester. Franz und Erika **sind** meine Großeltern.

Ist Lena deine Schwester? **Sind** Franz und Erika deine Großeltern?

ÜB 18–19

13 Fragt und antwortet wie in den Beispielen.

Lena – die Schwester von Lukas
- Ist Lena die Schwester von Lukas?
- Nein, sie ist die Schwester von Felix.

Robert Lenz – der Vater von Lena
- Ist Robert Lenz der Vater von Lena?
- Ja, er ist der Vater von Lena.

1. Felix – der Bruder von Lukas
2. Felix – der Bruder von Lena
3. Franz und Erika – die Eltern von Eva
4. Eva – die Mutter von Lilly
5. Lena – die Cousine von Lukas
6. Franz und Erika – die Eltern von Felix und Lena

14 Wir spielen! Bildet Paare.

Person A würfelt zweimal und stellt eine Frage. Person B antwortet.

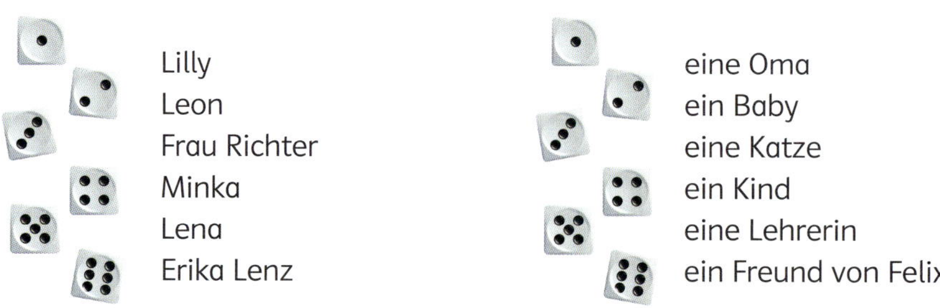

Lilly	eine Oma
Leon	ein Baby
Frau Richter	eine Katze
Minka	ein Kind
Lena	eine Lehrerin
Erika Lenz	ein Freund von Felix

- Ist Lilly eine Katze?
- Nein! Sie ist …

Grammatik

ein Freund
ein Kind
eine Katze

15 Was passt zusammen? Ordne zu.

1. Wer ist das?
2. Wie heißt dein Bruder?
3. Ist das deine Schwester?
4. Ist das auch Paul?
5. Ist das dein Vater?
6. Ist Kira deine Freundin?
7. Sind das deine Großeltern?
8. Und wer bist du?

a. Nein, das ist Emil.
b. Ja. Sie heißt Anna.
c. Er heißt Paul.
d. Nein, das ist der Vater von Emil.
e. Ja, das sind Oma und Opa.
f. Nein, sie ist meine Cousine.
g. Das ist mein Bruder.
h. Hier, das Baby! Das bin ich!

1.24

16 Hör zu und kontrolliere.

17 Kannst du das Rätsel lösen? Lies die Informationen und zeichne einen Stammbaum.

1. Wie heißt die Schwester von Jonas?
2. Wer ist der Vater von Eric?
3. Wer ist Hans?

Das ist Tim. Er ist der Bruder von Annika.

Das ist Jonas. Er ist der Bruder von Tim.

Das ist Annika. Die Eltern von Annika heißen Emma und Eric.

Das ist Ilga. Sie ist die Mutter von Eric.

Das ist Peter. Er ist der Opa von Tim.

Hans und Maria sind die Eltern von Emma.

Wortschatz

1 Was fehlt? Schreib die Tabelle ins Heft und ergänze.

mein Bruder	und	meine Schwester
mein …	und	meine Mutter
mein Onkel	und	meine …
mein Opa	und	meine …
mein …	und	meine Cousine

2 Ergänze die Sätze.

Mein Vater und meine Mutter sind meine …
Mein Opa und meine Oma sind meine …
… und … sind meine Freunde.

Aussprache

1.25

1 Hör zu. Achte auf die Satzmelodie.

Das ist eine Katze.
Sie heißt Minka.
Sie ist vier Jahre alt.
Sie ist die Katze von Familie Lenz.

Ist das eine Katze?
Heißt sie Minka?
Ist sie vier Jahre alt?
Ist sie die Katze von Familie Lenz?

1.25

2 Hör noch einmal und sprich nach.

1.26

3 Zeichne ein Fragezeichen auf eine Karte.
Hörst du eine Frage? Halte deine Karte hoch.

1.26

Hör noch einmal und sprich nach.

Mini-Projekt

A

Such in deiner Sprache Informationen über eine bekannte Person in den deutschsprachigen Ländern.
Bring ein Foto mit und notiere Informationen auf Zettel: Wie heißt er / sie? Was ist er / sie? Such den Beruf im Wörterbuch (Sportler/in, Sänger/in, Dichter/in, Politiker/in …).
Sammelt alle Fotos ein und hängt sie im Klassenraum auf.
Die Zettel kommen in eine Tüte.
Jemand zieht einen Zettel und liest ihn vor: Wer ist das?
Die anderen suchen das Foto.

Wolfgang Amadeus Mozart

Sebastian Vettel

Joshua Kimmich

…

B

Erfinde eine Familie für die Katze Minka.

Such im Internet: „beliebte Katzennamen“.

Zeichne dann einen Stammbaum.
Stell dein Poster im Klassenraum vor.

Kannst du das?

1. Antworte.	Wie heißen deine Eltern? Wie alt ist dein Freund? Heißt deine Oma Helena?
2. Wie ist die Frage?	… ? ▶ Mein Cousin heißt Daniel. … ? ▶ Mia ist meine Schwester. … ? ▶ Ja, das ist mein Onkel Stefan. … ? ▶ Nein, das sind Eric und Lukas.
3. Stell die Person vor.	Tobias | 12 Jahre | Freund von Paul
4. Beschreib deine Familie.	Das ist meine Familie. Meine Mutter heißt …

3 Hast du Geschwister?

1 Hallo! Das ist Sofia. Sie ist neu.

2 Hallo, Sofia! Ich bin Felix, der Bruder von Lena. Und das sind Leon und Lisa.

3 Sofia, hast du Geschwister?

4 Ja, ich habe einen Bruder. Er heißt Max. Er ist 19. Und du, Leon?

5 Ich habe eine Schwester. Sie heißt Mia.

6 Ich habe keine Geschwister.

1.27

1 **Wer ist auf dem Foto? Hör zu.**

1.27

2 **Wer ist Max? Wer ist Mia? Hör noch einmal.**

3 **Lies laut und ergänze dabei.**

Sofia, ... du Geschwister?
Ja, ich ... einen Bruder. Und du, Leon?
Ich ... eine Schwester.

Grammatik

Ich habe **einen** Bruder.
eine Schwester.

ÜB 1–3

4 **Antworte.**

1. Wer hat einen Bruder?
2. Wer hat eine Schwester?
3. Hat Lisa Geschwister?

Grammatik

ich	habe
du	hast
er, sie	hat

Kommunikation

- ● Hast du Geschwister?
- ○ Ich habe einen Bruder.
- ○ Ich habe zwei Brüder.
- ○ Ich habe eine Schwester.
- ○ Ich habe zwei Schwestern.
- ○ Ich habe keine Geschwister.

5 **Spielt Minidialoge.**

- ● Hast du Geschwister?
- ○ Ja, ich habe … / Nein, ich habe keine Geschwister.

→ ÜB 4

6 **Kettenübung. Fragt und antwortet.**

Hast du Geschwister? ▶ Ja, ich habe einen Bruder. Und du? Hast du Geschwister? ▶ Nein, ich habe keine Geschwister. Und du? Hast du Geschwister? ▶ Ja, ich habe …

7 **Leute und Charakter. Wie sind sie? Fragt und antwortet.**

nett
freundlich
sympathisch
lieb
lustig

- ● Wie ist deine Schwester?
- ○ Sie ist lustig.

doof
unfreundlich
langweilig
streng

- ○ Wie ist dein Vater?
- ● Er ist …

→ ÜB 5–6

8 **Wir spielen!** **Bildet zwei Gruppen.**

Gruppe A schreibt ein Wort aus Aufgabe 7 auf einen Zettel. Eine Person aus Gruppe B spielt das Wort pantomimisch vor. Gruppe B muss raten. Sie darf nur ein Wort nennen. Dann schreibt Gruppe B ein Wort und Gruppe A ist an der Reihe.

9 Welche Zahlen hörst du? Notiere.

1.28

Zahlen 21–100

21 einundzwanzig	**30** drei**ßig**	**100** (ein)hundert
22 zweiundzwanzig	**40** vierzig	**101** (ein)hunderteins
23 dreiundzwanzig	**50** fünfzig	**102** (ein)hundertzwei
24 vierundzwanzig	**60** sechzig	**110** (ein)hundertzehn
25 fünfundzwanzig	**70** siebzig	
26 sechsundzwanzig	**80** achtzig	**200** zweihundert
27 siebenundzwanzig	**90** neunzig	
28 achtundzwanzig		**1000** (ein)tausend
29 neunundzwanzig		

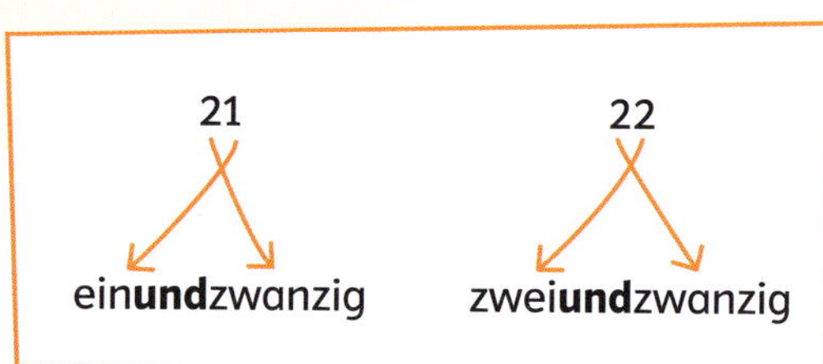

10 Hör noch einmal und sprich nach.

1.28

11 Zahlendiktat. Person A diktiert, Person B schreibt. Alles richtig? Tauscht dann die Rollen.

A: 25 | 38 | 41 | 56 | 74 | 80 | 120

B: 29 | 32 | 50 | 61 | 84 | 99 | 155

12 **Wir spielen!** **Bildet Dreiergruppen.**

Person A liest eine Aufgabe vor. Wer sagt zuerst die richtige Zahl? Diese Person bekommt einen Punkt. Die andere Person liest die nächste Aufgabe vor.

14 + 35	100 + 67	20 + 14
22 + 66	11 + 12	90 + 15
99 + 2	20 + 40	70 + 130

13 **Wie alt sind sie? Fragt und antwortet wie in den Beispielen.**

Opa Franz, 72

Lena, 14

Felix, 11

Herr Lenz, 44

Onkel Daniel, 40

Tante Eva, 37

Oma Erika, 68

Frau Lenz, 42

a. ● Wie alt ist der Opa?
○ Er ist 72 (zweiundsiebzig).

b. ● Wer ist 14 (vierzehn)?
○ Lena.

14 **Kettenübung. Fragt und antwortet.**

Wie alt ist deine Mutter? ▶ Meine Mutter ist 35. Wie alt ist dein Opa? ▶ …

15 **Wo wohnen die Personen?**

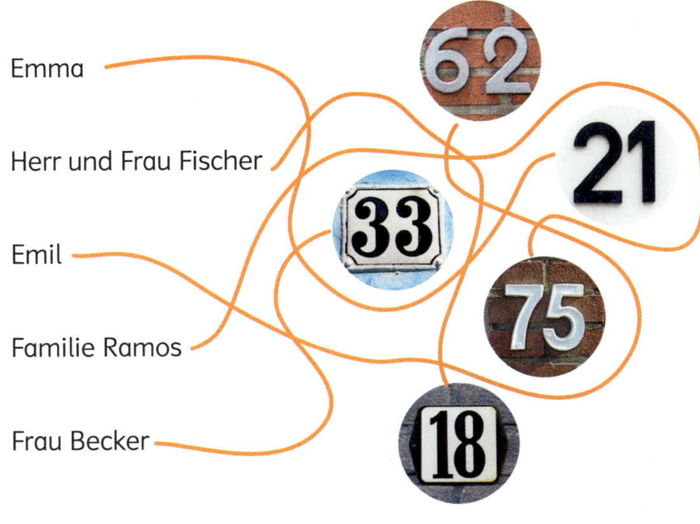

Leon und Lisa wohnen auch hier! Leon wohnt in Haus 17, Lisa wohnt in Haus 32. Ich wohne in Haus 38 und du wohnst in Haus 23.

● Emma wohnt in Haus …

ÜB 10

16 Fragt und antwortet.

1. Lena und Felix – Berlin
2. Oma Erika – Berlin
3. Opa Wolfgang und Oma Luise – Bremen
4. Lukas – Frankfurt
5. Max – Tübingen

● Wo wohnen Lena und Felix?
○ Sie wohnen in Berlin.

Grammatik

ich	wohne
du	wohnst
er, sie	wohnt
sie	wohnen

1.29

ÜB 11–12

17 Was ist richtig: a, b oder c? Hör die Interviews.

	A	B
1. Name	a. Tim b. Tom c. Timo	a. Amelie b. Annalena c. Amalia
2. Alter	a. 11 b. 12 c. 10	a. 13 b. 14 c. 15
3. Stadt	a. Berlin b. Bremen c. Bonn	a. Hamburg b. Hannover c. Chemnitz
4. Geschwister	a. ein Bruder b. eine Schwester c. zwei Brüder	a. zwei Schwestern b. keine Geschwister c. eine Schwester

18 Macht Interviews. Person A stellt Fragen, Person B antwortet. Person A notiert die Antworten. Tauscht dann die Rollen.

1. Wie heißt …?
2. Wie alt …?
3. Wo …?
4. Hast du …?

Kommunikation

● Wo wohnst du?
○ Ich wohne in Berlin.

ÜB 13–14

19 Stell deinen Partner / deine Partnerin aus Aufgabe 18 vor.

Das ist …
Er / Sie wohnt in …

Er / Sie ist …
Er / Sie hat …

1.30

20 **Zu Hause nach der Schule. Wie geht's Lena? Wie geht's Felix? Hör zu.**

😀 Lena ist … 😴 Felix ist …

B 15–16 **21** **Was sagen die Personen? Ergänze die Antworten.**

Wie geht's?

glücklich 😀	müde 😴	krank 🤒	nervös 😟	traurig 😢
Lena:	Felix:	Leon:	Herr Lenz:	Lisa:
„Super! Ich bin …"	„Es geht. Ich …"	„Nicht so gut. Ich …"	„Es geht. Ich …"	„Nicht so gut. Ich …"

B 17–19 **22** **Kettenübung. Fragt und antwortet.**

Wie geht's? ▶ Gut, danke. Und dir? ▶ Auch gut. Wie geht's, Anna? ▶ Es geht, ich …

Kommunikation

- ● Wie geht's?
- ○ Super. / Sehr gut. / Gut, danke! 😀
- ○ Es geht. Ich bin müde. 😴
- ○ Nicht so gut. Ich bin krank. 🤒
- ○ Und dir?
- ● Auch gut.

3

Wortschatz

1 **Zeichne Mindmaps zum Thema Familie.**

2 **Wie sind die Personen? Ergänze die Sätze.**

1. Sofia ist …
2. Die Lehrerin von Felix ist …
3. Felix ist …
4. Minka ist …
5. Meine Eltern sind …
6. Mein … ist …

lieb | nett | lustig | sympathisch | freundlich | doof | langweilig | streng | …

3 **Wie geht's? Sortiere die Antworten: positiv + oder negativ – ?**

Gut! | Nicht so gut. | Ich bin glücklich. | Super! | Ich bin traurig. | Ich bin müde. | Ich bin krank. | Ich bin nervös. | Sehr gut!

1.31

Rap: Wer ist das?

Hallo, mein Freund! Da bist du ja!
Sag mal bitte: Wer ist das da?
Das ist meine Freundin, Jeanette.
Sie ist wirklich super nett.

Hallo, Jeanette! Da bist du ja!
Sag mal bitte: Wer ist das da?
Das ist mein Cousin Ulrich.
Er ist sympathisch und auch lustig.

Hallo, Ulrich! Da bist du ja!
Sag mal bitte: Wer ist das da?
Das ist mein Opa Dieter,
er ist lieb und hat drei Kinder.

Hallo, Opa! Da bist du ja!
Sag mal bitte: Wer ist das da?
Das ist Frau Lorena Peng.
Sie ist Lehrerin und streng!

Aussprache

1.32 **1** Hör zu. Achte auf o, ö und u, ü.

1.32 **2** Hör noch einmal und sprich nach.

o	ö	u	ü
Onkel	zwölf	lustig	fünf
Opa	nervös	Bruder	Brüder

1.33 **3** Hör zu. Lies dann die Sätze laut.

Onkel Otto ist lustig. Er hat fünf Brüder.
Opa spielt Fußball. Er ist super.
Tschüss bis morgen! Ich bin müde.

Deutsch im Alltag

Ist „MusicFan" ein Junge oder ein Mädchen? Lies den Chat.

MusicFan: Das sind meine Geschwister! Meine Schwestern Blanka und Amelie und mein Bruder Igor. Igor ist 15 Jahre alt. Er ist nett, aber manchmal auch unfreundlich. Blanka ist lustig! Sie ist 10 Jahre alt. Meine Schwester Amelie ist 8. Sie ist sehr lieb … Hast du Geschwister?

Das Foto ist super! Danke! Nein, ich habe keine Geschwister. Das ist langweilig 

Kannst du das?

1. Lies die Zahlen.	21 | 40 | 55 | 97 | 100 | 240
2. Antworte.	Hast du Geschwister? Wie ist dein Freund / deine Freundin? Wie geht's?
3. Wie ist die Frage?	…? ▶ Ich bin zwölf Jahre alt. …? ▶ Ja, ich habe einen Bruder und eine Schwester. …? ▶ Felix wohnt in Berlin.
4. Stell die Person vor.	Lina Mayer | München | 28 Jahre | 1 Schwester + 1 Bruder

Wir trainieren

HÖREN

Du hörst drei Dialoge. Zu jedem Dialog gibt es zwei Aufgaben.
Kreuz <u>auf dem Antwortbogen</u> an: richtig oder falsch? Hör zuerst das Beispiel.

1.34

Beispiel

0. Die Lehrerin heißt Frau Klein.	richtig	falsch

Die Antwort ist: richtig.

Dialog 1

Lies die Sätze a und b.

a. Das Mädchen heißt Teresa Klein.	richtig	falsch
b. Sie ist 12 Jahre alt.	richtig	falsch

1.35

Hör jetzt Dialog 1 zweimal.
Markiere dann auf dem Antwortbogen für die Sätze a und b: richtig oder falsch.

Dialog 2

Lies die Sätze c und d.

c. Die Telefonnummer von Jonas ist 030 259 377 50.	richtig	falsch
d. Er heißt Jonas Schmidt.	richtig	falsch

1.36

Hör jetzt Dialog 2 zweimal.
Markiere dann auf dem Antwortbogen für die Sätze c und d: richtig oder falsch.

Dialog 3

Lies die Sätze e und f.

e. Die Cousine von Paul heißt Anna.	richtig	falsch
f. Anna wohnt in Hannover.	richtig	falsch

1.37

Hör jetzt Dialog 3 zweimal.
Markiere dann auf dem Antwortbogen für die Sätze e und f: richtig oder falsch.

LESEN

2 **Sieh die Bilder an und lies die Texte 1–5. Was passt zusammen? Ordne zu. Schreib deine Lösungen auf den Antwortbogen.**

1. Das sind Jonas und Tobias. Sie sind zwölf Jahre alt. Tobias ist der Freund von Jonas.
2. David und Paul sind Geschwister. David ist nett und Paul ist unfreundlich.
3. Das ist die Familie von Julia: Mama, Papa, Julia und zwei Brüder.
4. Hier sind die Großeltern von Tim und Annika. Oma Marlene ist sechzig Jahre alt, Opa Frank ist fünfundsechzig.
5. Hier bin ich und das sind meine Eltern. Ich bin schon fünfundzwanzig und meine Eltern sind sechzig!

3 **In einer Zeitschrift findest du diesen Text. Lies den Text und die Aufgaben 1–5. Richtig oder falsch? Schreib deine Lösungen auf den Antwortbogen.**

Mein Name ist Tim Vogt. Meine Familie und ich wohnen in Freiburg. Das ist in Deutschland. Wir sind zu Hause fünf Personen: Mama, Papa, meine Schwester Leonie und mein Opa Hans. Meine Eltern sind Lehrer. Mein Vater ist lustig, aber meine Mutter ist streng. Meine Schwester ist klein: Sie ist acht Jahre alt. Ich bin schon dreizehn.

1. Tim wohnt in Deutschland.	richtig	falsch
2. Die Großeltern von Tim wohnen in Freiburg.	richtig	falsch
3. Die Mutter von Tim ist unfreundlich.	richtig	falsch
4. Leonie ist 8 Jahre alt.	richtig	falsch
5. Tim ist 13 Jahre alt.	richtig	falsch

SCHREIBEN

Lies die E-Mail. Schreib eine Antwort auf den Antwortbogen.

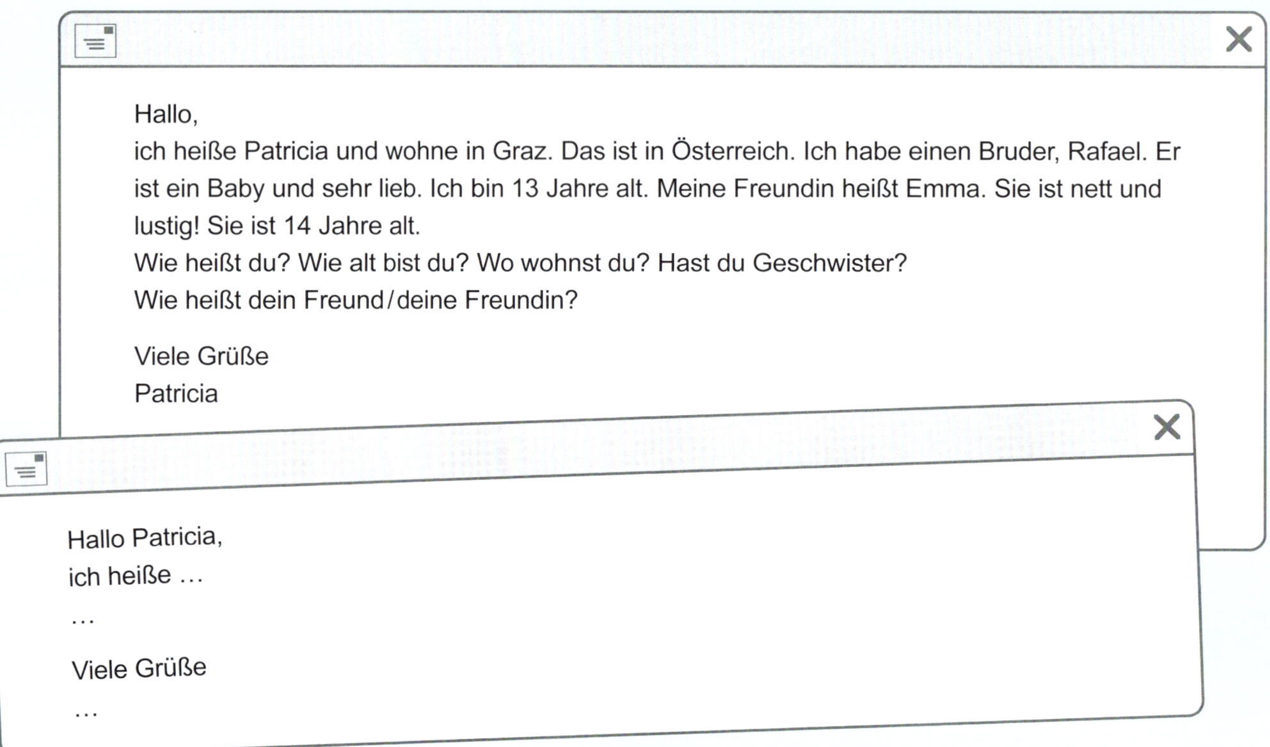

Hallo,
ich heiße Patricia und wohne in Graz. Das ist in Österreich. Ich habe einen Bruder, Rafael. Er ist ein Baby und sehr lieb. Ich bin 13 Jahre alt. Meine Freundin heißt Emma. Sie ist nett und lustig! Sie ist 14 Jahre alt.
Wie heißt du? Wie alt bist du? Wo wohnst du? Hast du Geschwister?
Wie heißt dein Freund/deine Freundin?

Viele Grüße
Patricia

Hallo Patricia,
ich heiße …
…

Viele Grüße
…

MEDIATION: LESEN UND SPRECHEN

Ein Schüler aus der Partnerschule schickt dir eine E-Mail und ein Foto. Deine Eltern fragen: Wer sind die Personen auf dem Foto? Lies den Text und erkläre in deiner Sprache.

Hallo,
mein Name ist Emil Hoffman und ich bin vierzehn Jahre alt. Das ist meine Familie. Mama, Papa und ich wohnen in Wien. Mein Vater heißt David und ist 50 Jahre alt, meine Mutter heißt Andrea und ist 47. Ich habe keine Geschwister.
Meine Tante, mein Onkel und meine Cousine wohnen in Zürich (Schweiz). Sie sind heute hier, zu Besuch! Meine Tante heißt Lisa und ist 38 Jahre alt. Mein Onkel heißt Frank und meine Cousine heißt Nina. Sie ist schon sieben!
Heute sind auch Oma Emilia und Opa Ernst da.
Wir sind alle sehr glücklich.

Viele Grüße
Emil

SPRECHEN

6 **Wer bist du? Stell dich vor. Sprich über die Themen auf den Karten.**

7 **Sprecht zu zweit.**

1. Begrüßt euch.
2. Person A: Würfel ein Thema. Stell zwei Fragen.
3. Person B: Beantworte die Fragen.
   Dann würfelst du ein Thema. Stell zwei Fragen.
4. Person A: Beantworte die Fragen.

Beispiel

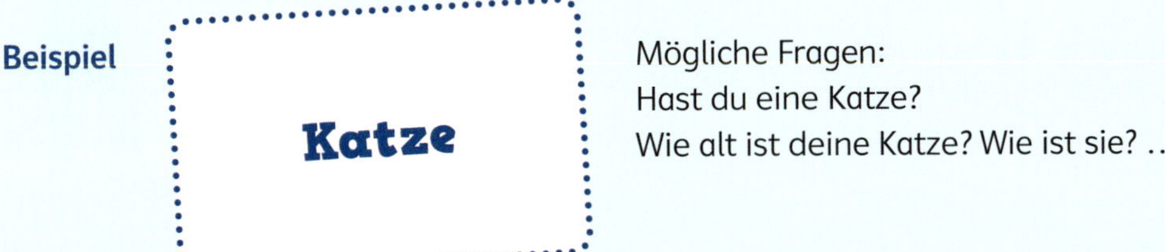

Mögliche Fragen:
Hast du eine Katze?
Wie alt ist deine Katze? Wie ist sie? …

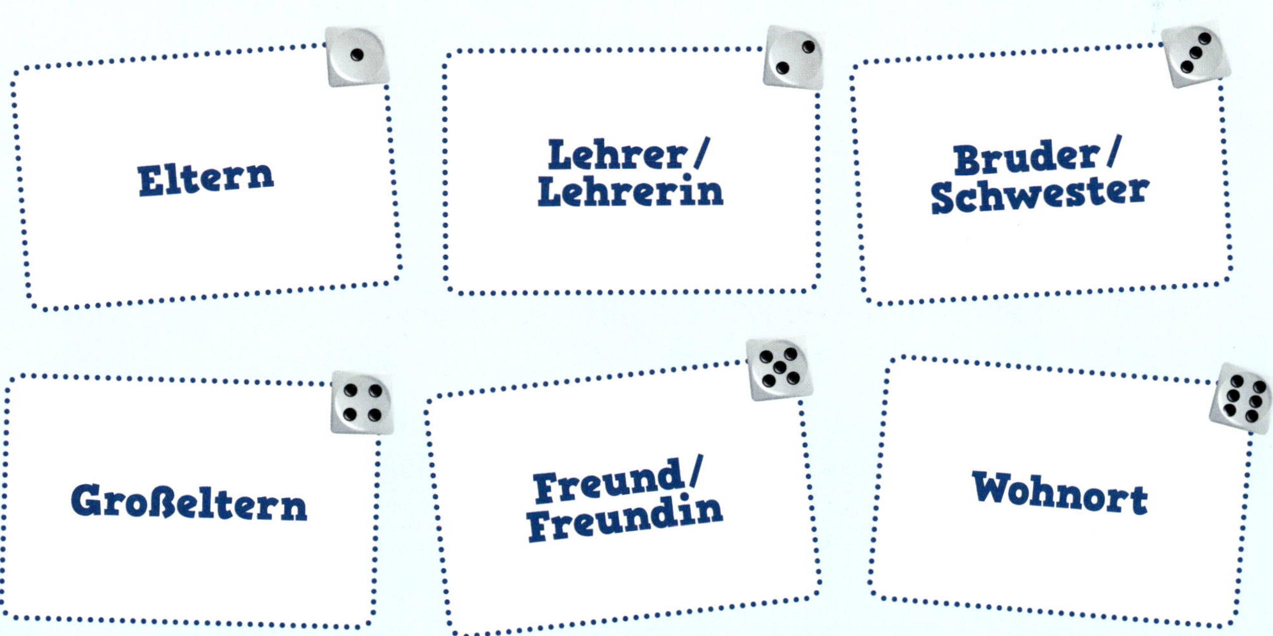

Grammatik

1 Verben: Präsens

	sein	haben	heißen	wohnen
ich	**bin**	hab**e**	hei**ß**e	wohn**e**
du	**bist**	**hast**	hei**ßt**	wohn**st**
er, sie	**ist**	**hat**	hei**ßt**	wohn**t**
(wir)	→ Modul 2			
(ihr)	→ Modul 2			
sie	**sind**	hab**en**	hei**ßen**	wohn**en**

Das Verb *wohnen* ist regelmäßig. Wie sind die Endungen?

Clip 1

2 Personalpronomen

Ich bin Lena.
Du heißt Felix.

Das ist mein Vater. **Er** heißt Robert.
Das ist meine Mutter. **Sie** heißt Anja.

Das sind Sofia und Leon. **Sie** wohnen auch hier.

ich

du

er

sie

sie

Clip 2

3 Aussagesatz

Position 1	Position 2	
Ich	**heiße**	Lena.
Leon	**ist**	der Freund von Felix.
Leon und Felix	**wohnen**	in Berlin.
Hier	**sind**	meine Großeltern.

Wo steht das Verb?

Das Verb ist auf Position …

Sätze verbinden mit *und*

Ich heiße Felix. Ich wohne in Berlin.
Ich heiße Felix **und** (ich) wohne in Berlin.

4 Fragesätze

W-Fragen

Position 1	Position 2	
Wer	**ist**	das?
Wie	**heißt**	der Bruder von Sofia?
Wie alt	**bist**	du?
Wo	**wohnst**	du?

Ja / Nein-Fragen

Position 1	Position 2	
Heißt	du	Lisa?
Ist	Lena	die Schwester von Felix?
Hast	du	Geschwister?
Wohnt	dein Bruder	in Berlin?

Wo steht das Verb?

In W-Fragen steht das Verb auf Position …

In Ja / Nein-Fragen steht das Verb auf Position …

5 Nomen

Alle Nomen haben ein Genus: maskulin, neutral oder feminin.
Vor dem Nomen steht meistens ein Artikel.

der Bruder – **ein** Bruder – **mein** Bruder – …
die Schwester – **eine** Schwester – **meine** Schwester – …
das Kind – **ein** Kind – **dein** Kind – …

Im Plural steht *die* für maskulin, neutral und feminin.

der Bruder – **die** Brüder
die Schwester – **die** Schwestern
das Kind – **die** Kinder
…

Wie schreibt man Nomen auf Deutsch?

Lern die Nomen immer zusammen mit Artikel und Plural.

6 Artikel

Der bestimmte Artikel

maskulin	neutral	feminin	Plural
der	**das**	**die**	**die**
der Vater der Bruder der Freund	das Baby das Kind	die Mutter die Schwester die Freundin	die Kinder die Geschwister

Der unbestimmte Artikel

maskulin	neutral	feminin	Plural
ein	**ein**	**eine**	–
ein Vater ein Bruder ein Freund	ein Baby ein Kind	eine Mutter eine Schwester eine Freundin	zwei Kinder drei Geschwister

Singular: *der, das, die*
Plural: *die*

Mit den Farben lernst du besser.

- ■ = maskulin
- ■ = neutral
- ■ = feminin
- ■ = Plural

Der bestimmte Artikel hat … Formen: *der, das, die*

Der unbestimmte Artikel hat … Formen: *ein, eine*

7 Possessiv-Artikel: *mein-*, *dein-*

ich → mein, meine
du → dein, deine

maskulin	neutral	feminin	Plural
mein **dein**	**mein** **dein**	**meine** **deine**	**meine** **deine**
mein Vater dein Bruder dein Freund	mein Kind dein Kind	meine Mutter deine Schwester deine Freundin	meine Eltern deine Geschwister

Wie sind die Endungen?
Vergleiche:

ein – mein – dein
ein – mein – dein
eine – meine – deine

mein Bruder

deine Schwester

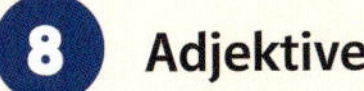

8 Adjektive

nett, freundlich, sympathisch, müde, traurig, krank, …

Ich bin **nett**.
Du bist **nett**.
Die Lehrerin ist **nett**.
Der Lehrer ist **nett**.
Herr und Frau Lenz sind **nett**.

Wie sind die Adjektive in Singular / Plural, maskulin / feminin?

9 Präpositionen: *in*, *von*

in + Stadt / Land

Ich wohne **in** Berlin.
Ich wohne **in** Deutschland.

von + Name

Das sind die Eltern **von** Felix.
Das ist die Katze **von** Familie Lenz.

10 Fragewörter: *wer*, *wie*, *wo*

Wer bist du?
Wer ist das?
Wer sind sie?

Wie heißt du?
Wie alt bist du?
Wie ist dein Bruder?

Wo wohnst du?

Die Fragewörter heißen auch W-Wörter.

Land und Leute extra 1

1.38

1 **Wie begrüßt man sich in Deutschland, Österreich und der Schweiz? Hör zu und sprich nach.**

Guten Tag | Hallo | Grüß Gott | Moin | Gruezi | Grüß Euch | Servus | Hoi

2 **Was sagt man in Berlin, Hamburg, Bern und Wien? Vergleicht.**

So grüßt man am Nachmittag in einem Geschäft:

- Guten Tag
- Hallo
- Grüß Gott
- Moin
- Grüezi
- Grüß Euch (Sie / Ihnen)
- Servus
- Hoi
- Guten Nachmittag / Abend

(Zweitmeldungen kleiner)

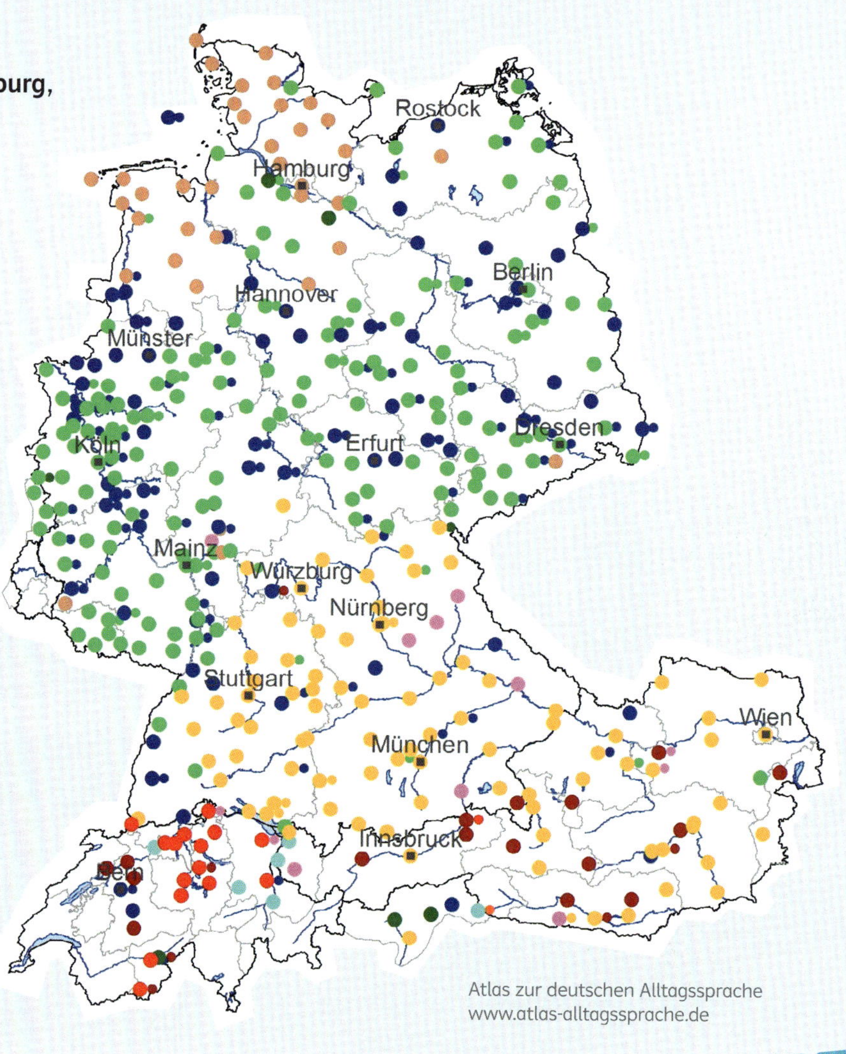

Atlas zur deutschen Alltagssprache
www.atlas-alltagssprache.de

Film

Film 1

3 **Was sagt Jannis zur Begrüßung? Sieh den Film an.**

4 **Was weißt du jetzt über Jannis? Schreib einen Steckbrief.**

Name: ...

Alter: ... Stadt: ...

Geschwister: ... Freund: ...

Bei uns zu Hause

Modul 2

Du lernst das Haus und die Nachbarn von Familie Lenz kennen. Was glaubst du: Wie wohnen sie?

Das lernst du:

- eine Adresse angeben
- über deinen Wohnort sprechen
- kurze Texte über eine Stadt lesen und verstehen
- höfliche Fragen stellen mit *Sie*
- etwas zu trinken anbieten und auf Angebote reagieren
- sagen, was du machen möchtest
- die Farben
- dein Haus / deine Wohnung und dein Zimmer beschreiben

1 Wo wohnt ihr?

Annika: Und wo wohnt ihr jetzt?

Wir wohnen jetzt in Berlin.

Annika: Cool! Wie ist deine Adresse?

Spreestraße 23.

Annika: Seid ihr glücklich da?

Ja, wir sind glücklich! Berlin ist super. 

Annika: Habt ihr schon Freunde?

Ja, wir haben Freunde. Meine Freundin heißt Lena, Lena Lenz. Mama und ich besuchen morgen Familie Lenz.

1 **Was glaubst du: Wer ist Annika? Lies den Chat.**

1.39 **2** **Hör zu und sprich nach.**

- ● Wo wohnt ihr?
- ○ Wir wohnen in Berlin.

- ● Seid ihr glücklich?
- ○ Ja, wir sind glücklich.

- ● Habt ihr schon Freunde?
- ○ Ja, wir haben Freunde.

ÜB 1–2 **3** **Annika und Sofia am Telefon. Spielt den Dialog.**

Hallo Sofia!
Hier ist Annika.
Wie geht's?

Hallo Annika!
Gut, danke.

Wo …?

Grammatik

wir	sind	haben	wohnen
ihr	seid	habt	wohnt

4 Was passt zusammen? Bilde Sätze.

Wir	wohnen haben heißen sind	eine Katze. in Berlin. viele Freunde. Lena und Felix Lenz. glücklich. hier. Freunde von Sofia.

ÜB 3–4

5 Formuliert Fragen zu den Sätzen in Aufgabe 4. Spielt Minidialoge.

- ● Wo wohnt ihr?
- ○ Wir wohnen hier.

- ● Habt ihr eine Katze?
- ○ Ja, wir haben …

- ● Seid ihr …?
- ○ Ja, …

6 Wir spielen!

Alle gehen durch die Klasse und fragen die Mitschüler. Wenn zwei Personen dieselbe Antwort geben, bilden sie ein Paar. Sie fragen andere Paare. Was haben sie gemeinsam?

Katze? | Schwester / Bruder / Geschwister? | wohnen? | glücklich / müde / traurig / …?

7 Spielt Minidialoge.

- ● Wie ist deine Adresse?
- ○ Schillerstraße 5. Und deine?

Kommunikation

- ● Wie ist deine Adresse?
- ○ Spreestraße 23.

ÜB 5

8 Kettenübung. Fragt und antwortet.

Wie ist deine Adresse? ▶ Albert-Einstein-Straße 12. Und wie ist deine Adresse? ▶ …

ÜB 6

9 **Wo wohnt der Bruder von Sofia? Lies Sofias Chat weiter.**

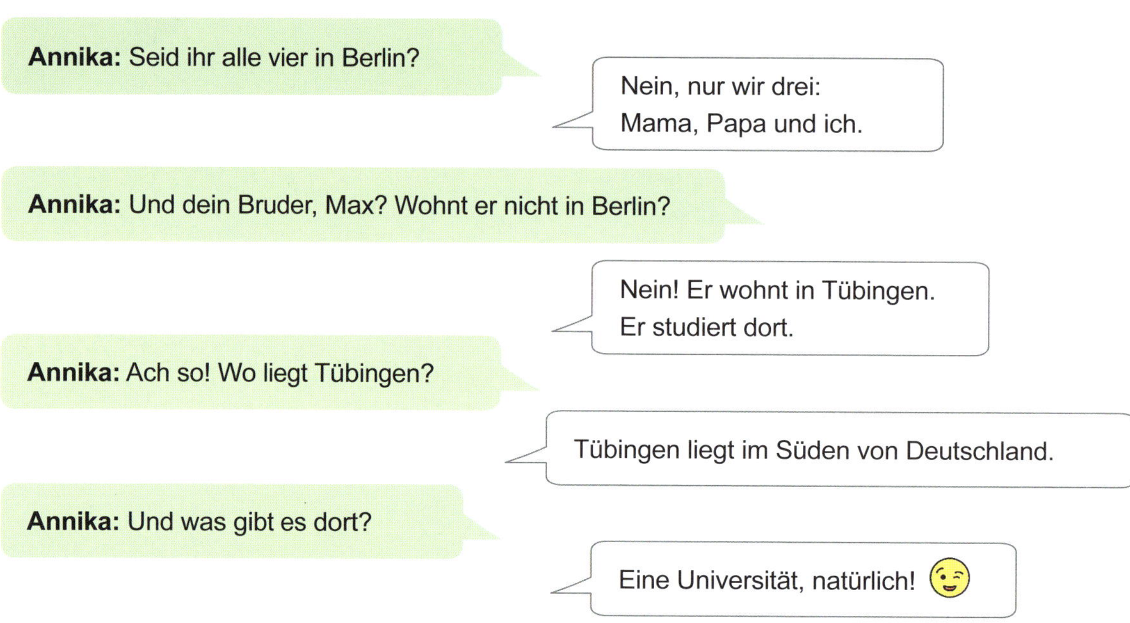

ÜB 7–8

10 **Wo liegt das? Such die Städte auf der Landkarte. Fragt und antwortet wie in den Beispielen.**

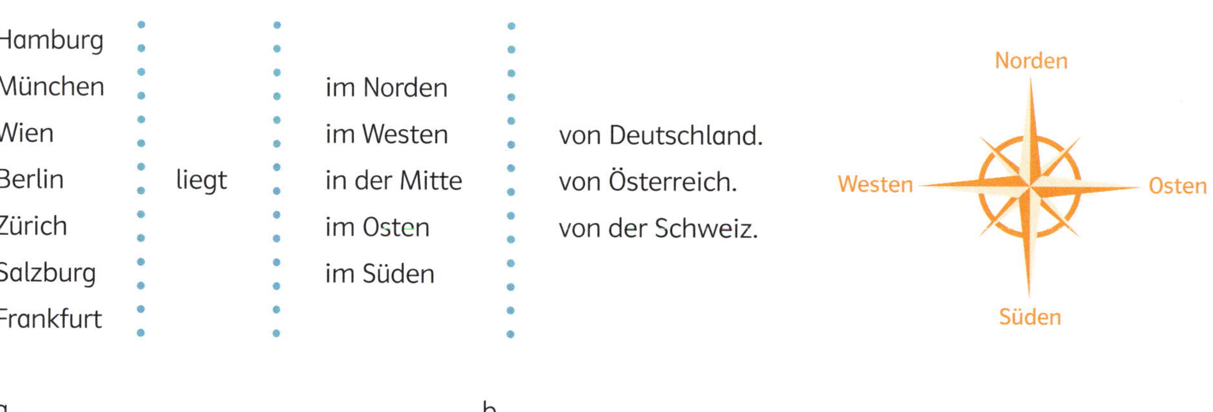

Hamburg			
München		im Norden	
Wien		im Westen	von Deutschland.
Berlin	liegt	in der Mitte	von Österreich.
Zürich		im Osten	von der Schweiz.
Salzburg		im Süden	
Frankfurt			

a.
- ● Wo liegt München?
- ○ München liegt im Süden von Deutschland.

b.
- ● Liegt Frankfurt im Norden von Deutschland?
- ○ Nein, Frankfurt liegt in der Mitte von Deutschland.

11 **Spielt Dialoge.**

- ● Wo wohnt dein / deine … ? (Oma, Opa, Tante, …)
- ○ Er / Sie wohnt in …
- ● Wo liegt das?
- ○ Das liegt im / in der … von …

Kommunikation

- ● Wo liegt …?
- ○ … liegt im Norden / Süden / Westen / Osten von …
- ○ … liegt in der Mitte von …

12 Was ist das? Lies die Wörter und ordne die Bilder zu.

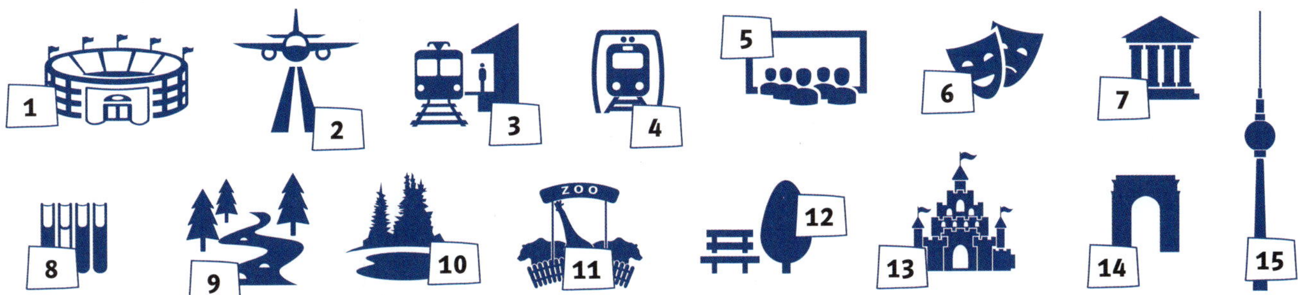

das Stadion | der Flughafen | der Turm | das Kino | das Museum | die U-Bahn | der Fluss | der See | der Zoo | der Park | der Bahnhof | das Schloss | das Theater | die Bibliothek | das Tor

1.40

AB 9–11

13 Hör zu und kontrolliere. Hör dann noch einmal und sprich nach.

1.41

14 Sofia telefoniert mit Max. Was gibt es noch in Tübingen? Hör zu.

		ja	nein
Gibt es	ein Schloss?		
	einen Flughafen?		
	eine U-Bahn?		
	einen See?		
	einen Fluss?		
	eine Insel?		

15 Vergleicht die Lösung zu zweit. Fragt und antwortet.

- Gibt es …?
- Ja. / Nein.

ÜB 12

16 Was gibt es in deiner Stadt? Spielt Minidialoge.

- Gibt es in … einen / ein / eine …?
- Ja. / Nein. / Ich weiß nicht.

einen	ein	eine
Flughafen	Stadion	U-Bahn
Bahnhof	Kino	Universität
Turm	Museum	Bibliothek
Zoo	Theater	Insel
Park	Schloss	
Fluss		
See		

4

Grammatik

Es gibt einen Park.
ein Museum.
eine Universität.

17 **Das ist Berlin! Was siehst du auf den Fotos? Lies den Text.**

BERLIN

Berlin ist die Hauptstadt von Deutschland. Hier wohnen über 3,7 Millionen Menschen. Berlin ist interessant! Viele Touristen besuchen die Stadt.

Das sind Top-Sehenswürdigkeiten:

Das **Brandenburger Tor** ist ein Symbol von Berlin. Es liegt in der Mitte von Berlin. Touristen machen dort gern Selfies.

Der **Hauptbahnhof** liegt auch in der Mitte von Berlin. Er ist neu und sehr groß.

Berlin hat 960 Brücken! Es gibt einen Fluss: die Spree. Die Spree ist sehr lang. Es gibt auch eine Insel: die **Museumsinsel** Dort sind viele Museen.

Der **Potsdamer Platz** ist modern und international. Hier gibt es viele Hochhäuser und viele Leute!

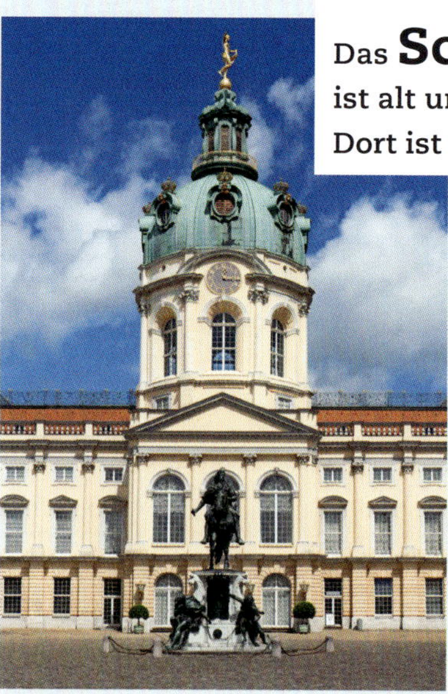

Das **Schloss Charlottenburg** ist alt und schön. Es hat auch einen Garten. Dort ist es sehr ruhig.

Der **Fernsehturm** ist 368 Meter hoch. Er liegt im Osten von Berli und ist sehr bekannt.

18 **Internationale Wörter. Welche Wörter im Text verstehst du?**

19 **Lies die Wörter. Welche Sehenswürdigkeiten sind im Text? Wie heißen sie?**

das Schloss | das Restaurant | der Platz | die Straße | der See | der Turm | der Bahnhof | der Fluss | das Kino | die Insel | das Tor | das Stadion

- Das Tor: Es heißt Brandenburger Tor.

Grammatik

der Fluss → er
das Kino → es
die Insel → sie

ÜB 13–17 **20** **Wie sind die Sehenswürdigkeiten? Fragt und antwortet.**

- Wie ist das Schloss Charlottenburg?
- Es ist alt und schön.

Er Es Sie	ist (sehr)	ruhig ↔ laut groß ↔ klein modern neu ↔ alt international hoch lang ↔ kurz bekannt ↔ unbekannt interessant ↔ langweilig schön

21 **Wie ist deine Stadt? Spielt Minidialoge.**

- Wie ist der Bahnhof?
- Er ist …

22 **Deine Stadt. Schreib einen kurzen Text.**

1. Wie heißt die Stadt?
2. Wo liegt sie?
3. Wie ist die Stadt?
4. Was gibt es da?
5. Wie ist deine Adresse?

Meine Stadt heißt …
Sie liegt im … von …
Die Stadt ist …
Es gibt hier …, … und …
Meine Adresse ist …

Wortschatz

1 **Deine Hauptstadt: Wie heißt sie? Was gibt es da? Mach eine Mindmap.**

2 **Wie sind die Sehenswürdigkeiten in der Hauptstadt? Notiere auch in der Mindmap.**

3 **Was passt zusammen? Ordne zu.**

1. Wo wohnt
2. Wie ist
3. Hamburg liegt
4. Gibt es in München
5. Habt
6. Seid
7. Es gibt hier

a. einen Fluss.
b. ihr?
c. ihr glücklich in Berlin?
d. eine Universität?
e. deine Adresse?
f. im Norden von Deutschland.
g. ihr viele Freunde?

Aussprache

1.42

1 **Hör zu. Achte auf *ie* und *ei*. Lies dann die Wörter laut.**

ie wie | lieb | sie | vier | hier | Wien

ei zwei | drei | dein | klein | Schweiz

1.43

2 **Welche Wörter aus Aufgabe 1 reimen sich? Hör zu und sag das passende Wort laut.**

1.44

3 **Hör die Dialoge. Sprecht dann zu zweit.**

● Wie viel ist drei plus vier?
○ Sieben!

● Wo liegt Wien?
○ Ich weiß nicht. In der Schweiz?
● Nein! In Österreich!

● Deine Schwester ist klein.
○ Sie ist zwei.
● Ist sie lieb?
○ Nein!

Deutsch im Alltag

Was siehst du auf dem Foto? Lies die Postkarte.

Hallo Alina,
ich bin in Wien! Es ist hier soooo schön! Es gibt einen Park, einen Fluss (die Donau), eine Insel (Donauinsel) und viele Cafés. Es gibt auch ein Schloss: Schloss Schönbrunn hat über 1400 Zimmer! Morgen gehe ich ins Museum „Secession".
Viele Grüße, Blanca

Mini-Projekt

Schreibt Postkarten. Hängt sie im Klassenzimmer auf.

A Du bist in Deutschland, Österreich oder in der Schweiz und schreibst eine Postkarte. Such Informationen über eine Stadt und ein Foto. Bastle eine Postkarte und schreib einen Text.

B Du bist in deiner Stadt / in deinem Land und schreibst eine Postkarte an einen Freund / eine Freundin in Deutschland. Bring eine Postkarte mit. Schreib einen Text.

Kannst du das?

1. Bilde Sätze.

wir | wohnen | in Berlin | .
ihr | sein | in München | ?
München | liegen | im Süden von Deutschland | .
wir | haben | viele Freunde | .

2. Antworte.

Wo liegt deine Stadt?
Was gibt es da?
Wie ist deine Adresse?

3. Wie ist die Frage?

…? ▶ Ja, wir haben eine Katze.
…? ▶ Wir wohnen in Graz.
…? ▶ Es gibt hier ein Theater, eine Universität, einen Park, …
…? ▶ Die Universität ist sehr modern.

4. Beschreib die Stadt.

Berlin | Hauptstadt | im Osten | groß | interessant

2 Besuch bei Familie Lenz

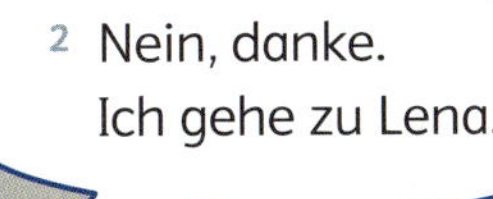

1.45

1 Wo sind Frau Lemos und Sofia? Hör zu.

1.46

2 Hör noch einmal und sprich nach.

ÜB 1

3 Lies laut und ergänze dabei.

Guten Tag, Frau Lemos! Bitte, kommen ... rein.
Frau Lemos, wie geht's ... ?
Und dir, Sofia? Wie geht's ... ?
Frau Lemos, möchten ... etwas trinken?
Und du, Sofia? Möchtest ... auch etwas trinken?

Kommunikation

..., wie geht's dir?
Möchtest du etwas trinken?

Frau / Herr ..., wie geht's Ihnen?
Möchten Sie etwas trinken?

4 Wie fragst du deine Freunde, wie fragst du Erwachsene? Sortiere die Sätze.

Wo wohnst du?
Wie heißen Sie?
Hast du Geschwister?
Haben Sie Geschwister?
Sie
Und du?
Wer bist du?
du
Wohnen Sie in Berlin?
Wie geht's Ihnen?
Wie geht's dir?
Sind Sie Lehrerin?

1.47
ÜB 2

5 Hör zu und kontrolliere deine Lösung in Aufgabe 4.

Grammatik

du	bist	hast	wohnst	heißt
Sie	sind	haben	wohnen	heißen

ÜB 3

6 Die anderen Nachbarn. Was fragt Sofia? Ergänze die Sätze.

- Hallo! Mein Name ist Sofia. Ich bin neu hier. Wie … Sie?
- Ich heiße Anna Galdini.
- … Sie hier?
- Nein, ich wohne in Hamburg.
- In Hamburg? Und was … Sie hier?
- Ich besuche meine Schwester. Sie wohnt in Haus 13.
- Ach so! Was … Sie von Beruf?
- Ich bin Fotografin.
- Aha. … Sie Kinder?
- Ja! Ich habe eine Tochter und einen Sohn. Sie heißen Alessa und Alex.
- Oh, wie schön. Viel Spaß in Berlin!
- Danke!

7 Lest den Dialog zu zweit.

ÜB 4–8

8 Wählt eine andere Person. Spielt einen Dialog.

Sven Grase, Pilot
wohnt in Leipzig
arbeitet in Berlin
Kinder: 1 Sohn (Moritz)

Melanie Schupp, Lehrerin
wohnt in München
besucht eine Freundin in Berlin
Kinder: keine Kinder

Julian Trams, Fotograf
wohnt in Berlin
Kinder: Yannik (10), Amelia (8)

1.48

9 Was möchte Frau Lemos trinken? Hör zu.

ÜB 9

10 Was möchtest du trinken?

- Ich möchte bitte …

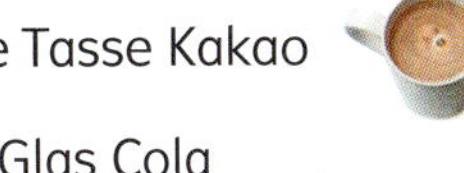
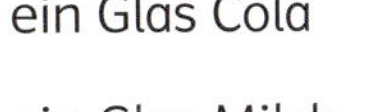

eine Tasse Kaffee		
eine Tasse Tee		Zucker.
eine Tasse Kakao	mit	Milch.
ein Glas Cola	ohne	Eis.
ein Glas Milch		Zitrone.
ein Glas Wasser		Honig.
ein Glas Saft		

Grammatik

ich	möchte	wir	möchten
du	möchtest	ihr	möchtet
er, sie	möchte	sie, Sie	möchten

ÜB 10–12

11 Spielt Dialoge.

- Möchtest du ein Glas Cola?
- Ja, bitte. / Ja, gern.
- Mit Eis?
- Nein, danke. Ohne Eis.

Kommunikation

- Möchtest du / Möchten Sie ein Glas Wasser?
- Ja, bitte. / Ja, gern.
- Nein, danke.

5

1.49

12 **Was möchte Sofia machen? Hör zu.**

Sofia möchte mit Lena …
a. Hausaufgaben machen. b. Musik hören. c. das Haus sehen.

ÜB 13

13 **Lies laut und ergänze dabei.**

Was möchtest du … ? Möchtest du … ?
Nein, ich möchte nicht … . Ich möchte lieber das Haus … .

Grammatik

Was **möchtest** du **machen**?
Ich **möchte** das Haus **sehen**.
Ich **möchte** nicht Musik **hören**.

ÜB 14

14 **Was möchtest du machen? Spielt Minidialoge.**

Musik hören

Fahrrad fahren

lesen

lernen

Klavier spielen

Fußball spielen

am Computer spielen

Sport machen

Hausaufgaben machen

Gitarre spielen

Karten spielen

Freunde treffen

schwimmen

- ● Möchtest du Sport machen?
- ○ Nein, ich möchte nicht Sport machen. Ich möchte lieber …

Kommunikation

- ● Möchtest du Karten spielen?
- ○ Ja, gern.
- ○ Nein, ich möchte nicht Karten spielen. Ich möchte lieber lesen.

 ÜB 15

15 Was machen Felix und Leon? Lies den Text und die Sätze 1–6. Was ist richtig?

Heute ist Felix zu Hause. Er ist gern zu Hause. Hier ist es ruhig. Zuerst macht er Hausaufgaben. Das ist langweilig, aber wichtig. Dann spielt er am Computer. Er spielt gern am Computer. Das macht Spaß! Er ist auch sehr gut. Dann spielt Felix Gitarre.

Leon ist nicht gern zu Hause. Zu Hause ist es langweilig. Leon ist lieber draußen. Heute spielt er mit Jonas und Paul Fußball. Dann skaten sie im Park. Leon möchte auch Basketball spielen. Aber Jonas und Paul sind müde …

1. Felix macht heute Hausaufgaben.
2. Felix macht gern Hausaufgaben.
3. Felix spielt Gitarre.
4. Leon skatet mit Jonas und Paul.
5. Leon spielt heute Basketball.
6. Leon ist müde.

Kommunikation

- ● Was machst du?
- ○ Ich lese.
- ○ Ich spiele Gitarre.
- ○ Ich mache Sport.

16 Kettenübung. Du hast heute frei. Was machst du?

Ich spiele Fußball. Was machst du? ▶ Ich treffe Freunde. Was machst du? ▶ Ich lese. Was …

ÜB 16–17

17 Wir spielen! Bildet Dreiergruppen.

Person A würfelt die Person.
Person B würfelt die Aktivität.
Person C bildet den Satz. Tauscht dann die Rollen.

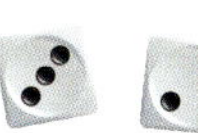

 ich

 du

 Lena

 wir

 ihr

 Felix und Leon

Wortschatz

1 **Was trinkt man? Schreib ins Heft.**

eine Tasse …

2 **Dialogpuzzle. Lena besucht Sofia. Ordne und schreib den Dialog ins Heft.**

Hallo, Lena! Komm rein. Wie geht's?

Ja, gern. Was gibt es?

Sehr gut. Und dir?

Ich möchte bitte ein Glas Saft.

Auch gut, danke. Möchtest du etwas trinken?

Es gibt Saft, Wasser, Milch …

Hier, ein Glas Saft. Komm, wir gehen in mein Zimmer!

3 **Endlich Freizeit! Was kann man machen, was kann man spielen?**
Welche Wörter kennst du noch? Sortiere im Heft.

machen	spielen	
Hausaufgaben machen	Gitarre spielen	schwimmen

Aussprache

1.50

1 **Hör zu und sprich nach. Achte auf das betonte Wort.**

Musik hören — Ich höre **Musik**. — Ich möchte **Musik** hören.
Gitarre spielen — Ich spiele **Gitarre**. — Ich möchte **Gitarre** spielen.

1.51

2 **Lies laut. Hör dann und kontrolliere.**

Sport machen — Ich mache **Sport**. — Ich möchte **Sport** machen.
Fahrrad fahren — Ich fahre **Fahrrad**. — Ich möchte **Fahrrad** fahren.

3 **Was machst du? Sprich laut wie in den Beispielen.**

Karten spielen | Musik machen | Fußball spielen | Freunde treffen | Hausaufgaben machen | Basketball spielen | …

Lied: Das möchte ich machen!

1.52

Die Schule ist aus,
ich gehe nach Haus'.
Jetzt habe ich Zeit,
jetzt habe ich Zeit!

Ich möchte gern Sport machen:
Fußball spielen und schwimmen,
Fahrrad fahren und skaten.
Das macht Spaß!

Aber ich möchte nicht
Hausaufgaben machen!
Schule, lernen: Nein!
Jetzt bitte nicht! (2x)

Ich möchte Musik machen:
Flöte spielen und singen,
Gitarre spielen und rappen.
Das ist toll!

Ich möchte viel Spaß haben:
Filme sehen und lachen,
Freunde treffen und chillen.
Das ist cool!

Aber ich möchte nicht
Hausaufgaben machen!
Schule, lernen: Nein!
Jetzt bitte nicht! (2x)

Kannst du das?

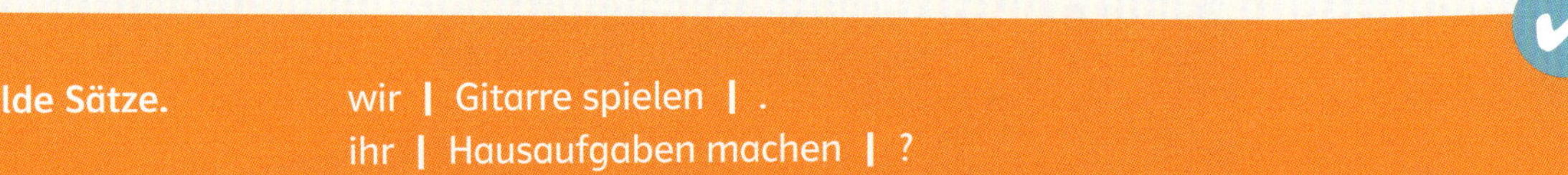

1. **Bilde Sätze.**
   wir | Gitarre spielen | .
   ihr | Hausaufgaben machen | ?
   ich | möchten | Fahrrad fahren | .
   Sie | möchten | Kaffee trinken | ?

2. **Frag höflich.**
   Wie geht's dir?
   Möchtest du etwas trinken?
   Wie heißt du?
   Was bist du von Beruf?

3. **Reagiere.**
   Möchtest du etwas trinken?
   Möchtest du ein Glas Milch mit Honig?
   Was möchtest du machen?
   Möchtest du skaten?

4. **Wie ist die Frage?**
   …? ▸ Nein, ich möchte nicht lesen.
   …? ▸ Ich möchte lieber Musik hören.
   …? ▸ Wir spielen heute Basketball.

3 Das Haus von Familie Lenz

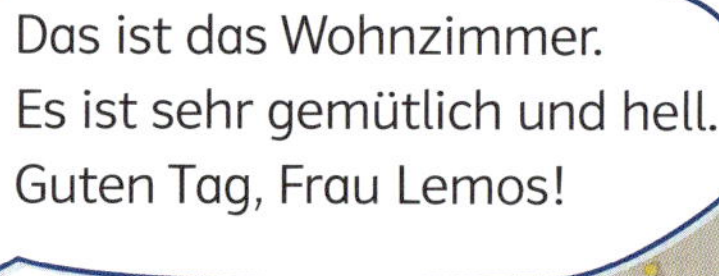

Das ist das Arbeitszimmer von Mama und Papa. Sie arbeiten hier. Das Zimmer ist praktisch und modern. Aber ein bisschen ungemütlich …

Das ist das Schlafzimmer von Mama und Papa. Es ist nicht sehr groß. Aber es ist schön.

Und hier ist das Zimmer von Felix. Oh, es ist heute sehr ordentlich! Hallo, Felix! Ah, du spielst Gitarre. Ich zeige Sofia das Haus.

1.53

1 **Wer ist zu Hause? Hör zu.**

1.54

2 **Hör zu und sprich nach.**

ÜB 1–2

ÜB 3–6

3 **Was passt zusammen?**

1. Das Schlafzimmer:
2. Das Wohnzimmer:
3. Die Küche:
4. Das Bad:
5. Das Zimmer von Felix:
6. Das Arbeitszimmer:
7. Der Garten:

a. Es ist praktisch und modern.
b. Es ist klein und ein bisschen dunkel.
c. Sie ist sehr hell und immer sehr sauber.
d. Es ist heute sehr ordentlich.
e. Es ist nicht sehr groß, aber schön.
f. Es ist sehr gemütlich und hell.
g. Er ist groß und ruhig.

4 **Fragt und antwortet.**

- Wie ist das Schlafzimmer?
- Es ist …

Kommunikation

Das Zimmer ist	nicht	groß.
	nicht sehr	groß.
	ein bisschen	klein.
	sehr	klein.

1.55

5 **Welches Zimmer ist das? Hör zu.**

1. Das ist …
2. …
3. …

ÜB 7–8

6 **Was passt? Sortiere die Wörter.**

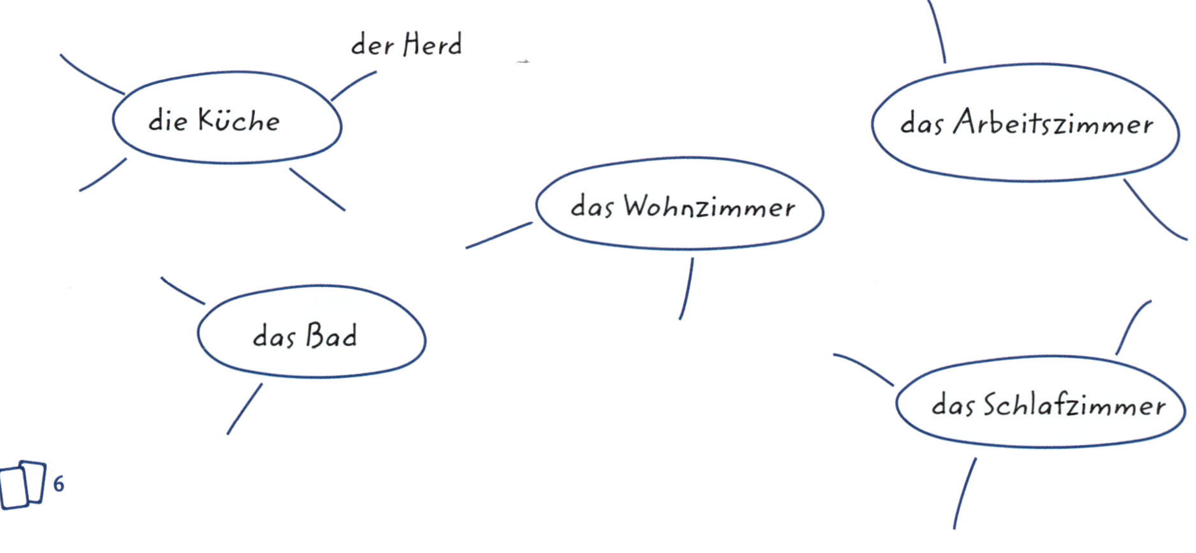

6

ÜB 9–11 **7** **Wo sind die Gegenstände? Zeig auf ein Bild. Fragt und antwortet.**

● Wo ist der Schrank? / das Bett? / die Lampe? / …

○ Er / Es / Sie ist im Schlafzimmer. / im Wohnzimmer. / im Garten. / im Arbeitszimmer. / im Bad. / in der Küche.

1.56 **8** **Die Farben. Hör zu und sprich nach.**

ÜB 12 **9** **Welche Farben haben die Gegenstände auf den Bildern? Fragt und antwortet.**

● Was ist weiß und braun?
○ Der Stuhl.

10 **Wir spielen!**

Alle sitzen im Kreis. Eine Person steht in der Mitte und sagt eine Farbe. Wer trägt diese Farbe? Diese Personen stehen auf und suchen einen neuen Platz. Die Person in der Mitte auch! Wer hat keinen Platz? Diese Person geht jetzt in die Mitte.

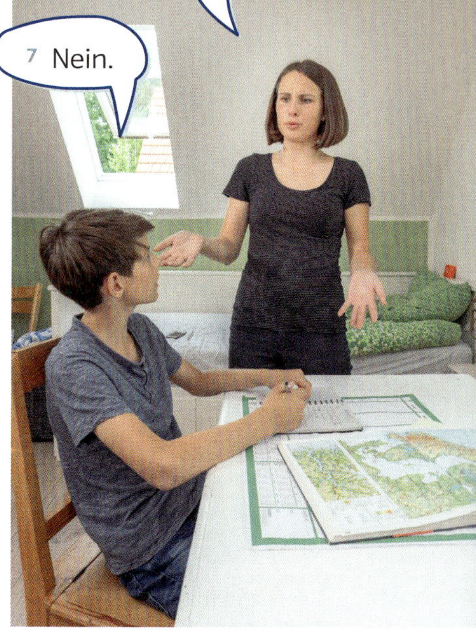

1.57 **11** **Wo ist Sofia? Hör zu.**

1.58 **12** **Hör zu und sprich nach.**

➔ ÜB 13–14 **13** **Und was ist das? Fragt und antwortet.**

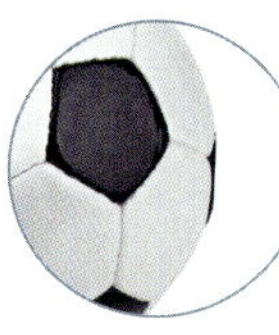 ein Basketball?

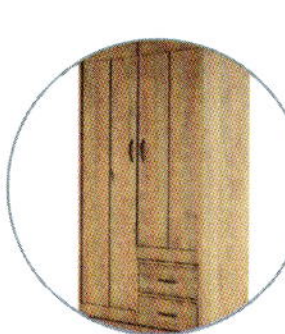 ein Kühlschrank?

 ein Sessel?

 eine Pflanze?

 ein Laptop?

- ● Ist das ein Basketball?
- ○ Nein, das ist kein Basketball. Das ist ein …

Grammatik

Ist das ein Computer?	Nein, das ist kein Computer.
ein Mäppchen?	kein Mäppchen.
eine Lampe?	keine Lampe.

ÜB 15

14 **Was ist das? Wie ist es? Spielt Dialoge.**

- Was ist das?
- Das ist ein Mäppchen.
- Wie ist das Mäppchen?
- Das Mäppchen ist lustig.

Grammatik

Das ist **ein Computer**. **Der Computer** ist modern.
Das ist **eine Lampe**. **Die Lampe** ist schön.

15 **Was gibt es im Zimmer von Felix? Fragt und antwortet.**

- Gibt es ein Bett?
- Ja, es gibt ein Bett.
- Gibt es einen Computer?
- Nein.

ÜB 16–17

16 **Zeichne dein Zimmer. Wie ist dein Zimmer? Sprecht zu zweit.**

- Gibt es einen Tisch?
- Ja, es gibt einen Tisch. Der Tisch ist klein.

Das ist mein Zimmer.
Es ist ...
Es gibt ... und ...
Es gibt auch ...
Der / Das / Die ... ist ...

17 **Beschreib deine Zeichnung. Schreib einen kurzen Text.**

Wortschatz

1 **Silbenrätsel. Wie viele Wörter findest du? Schreib ins Heft. Denk an die Großbuchstaben!**

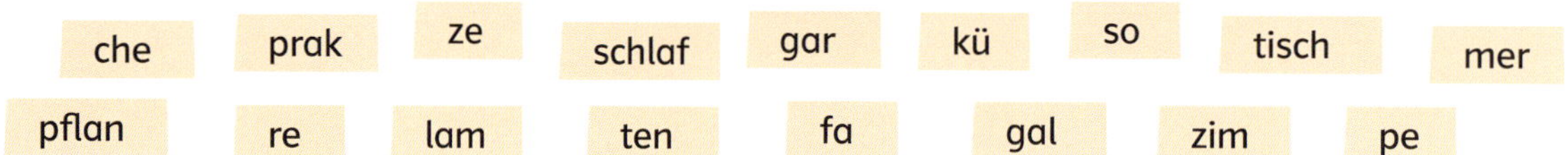

2 **Gegenteile. Was passt zusammen? Ordne zu.**

1. hell	a. klein
2. groß	b. unpraktisch
3. praktisch	c. ungemütlich
4. ruhig	d. laut
5. gemütlich	e. dunkel

3 **Dein Haus / Deine Wohnung: Welche Möbel gibt es? Wie sind sie? Notiere.**

Wohnzimmer: das Sofa, die Pflanze, der Tisch, ...

Aussprache

1.59

1 **Hör die Wortpaare. Achte auf den h-Laut.**

1. a. Anna	2. a. aus	3. a. ihr	4. a. er	5. a. und
b. Hanna	b. Haus	b. hier	b. Herr	b. Hund

1.60

2 **Hör zu. Welches Wort hörst du aus Aufgabe 1: a oder b?**

1.61

3 **Hör zu und sprich die Wörter nach.**

hallo | Hausaufgaben | haben | hell | hier | hoch | heute | heißen | hören | Flughafen | Aha!

1.62

4 **Hör zu und sprich die Sätze nach.**

Hallo, hier ist Hanna! Hörst du mich?

Herr Hase, haben wir heute Hausaufgaben?

Mein Hund heißt Hugo.

Wie heißt die Hauptstadt von Tahiti?

Mini-Projekt

Wie ist dein Traumzimmer? Mach ein Poster: Zeichne das Zimmer oder mach eine Collage. Wie ist es? Schreib auch Wörter und Sätze dazu. Hängt die Poster im Klassenzimmer auf.

Deutsch im Alltag

Sofias Eltern möchten Möbel für das Wohnzimmer kaufen. Lies die Einkaufsliste. Was passt aus dem Katalog? Was kostet alles?

Kannst du das?

1. Wie heißen die Farben?

2. Antworte.
   Was ist das?
   Ist das ein Stuhl?
   Wie ist das Sofa?

3. Wie ist die Frage?
   …? ▶ Ja, mein Zimmer ist sehr groß.
   …? ▶ Nein, das Bad ist ein bisschen dunkel.
   …? ▶ Nein, das ist kein Sofa. Das ist ein Bett.

4. Beschreib das Haus.
   2 Zimmer: groß | 1 Küche: hell | 1 Bad: klein
   Wohnzimmer: gemütlich | Garten: schön, laut

Wir trainieren

HÖREN

Du hörst einen Dialog. Zu dem Dialog gibt es drei Aufgaben.
Kreuz auf dem Antwortbogen an: a, b oder c. Hör zuerst das Beispiel.

1.63

Beispiel

0. Wer besucht Lina?

a. Peter

b. Petra

c. Frau Bauer

Die Antwort ist: b.

Lies die Aufgaben 1, 2 und 3.

1. Petra möchte …

a. ein Glas Wasser.

b. ein Glas Saft.

c. eine Tasse Tee.

2. Die Katze Cindy ist …

a. im Garten.

b. im Bad.

c. im Wohnzimmer.

3. Im Haus wohnen …

a. vier Personen.

b. sechs Personen.

c. sieben Personen.

1.64

Hör jetzt den Dialog zweimal.
Markiere dann auf dem Antwortbogen die Lösung zu den Aufgaben 1, 2 und 3.

LESEN

2 **Sieh das Bild an und lies die Sätze 1–6. Richtig oder falsch? Markiere die Antwort auf dem Antwortbogen.**

1. Die Küche ist klein.	richtig	falsch
2. Es gibt im Wohnzimmer zwei Lampen.	richtig	falsch
3. Im Schlafzimmer ist ein Spiegel.	richtig	falsch
4. Es gibt keine Dusche.	richtig	falsch
5. Der Sessel im Wohnzimmer ist blau.	richtig	falsch
6. Es gibt eine Pflanze im Bad.	richtig	falsch

3 **Lies die Nachrichten und beantworte die Frage auf dem Antwortbogen.**

Du möchtest heute Sport machen. Wer möchte auch Sport machen?

a. Lina **b.** Jan

Lina: Hallo! Ich mache jetzt Hausaufgaben. Dann möchte ich schwimmen. Kommst du auch?

Jan: Hi! Heute möchte ich am Computer spielen. Dann treffe ich Tim und Laura. Und du? Schreib mir! 😍

SCHREIBEN

 **Lies die E-Mail. Schreib eine Antwort auf den Antwortbogen.**

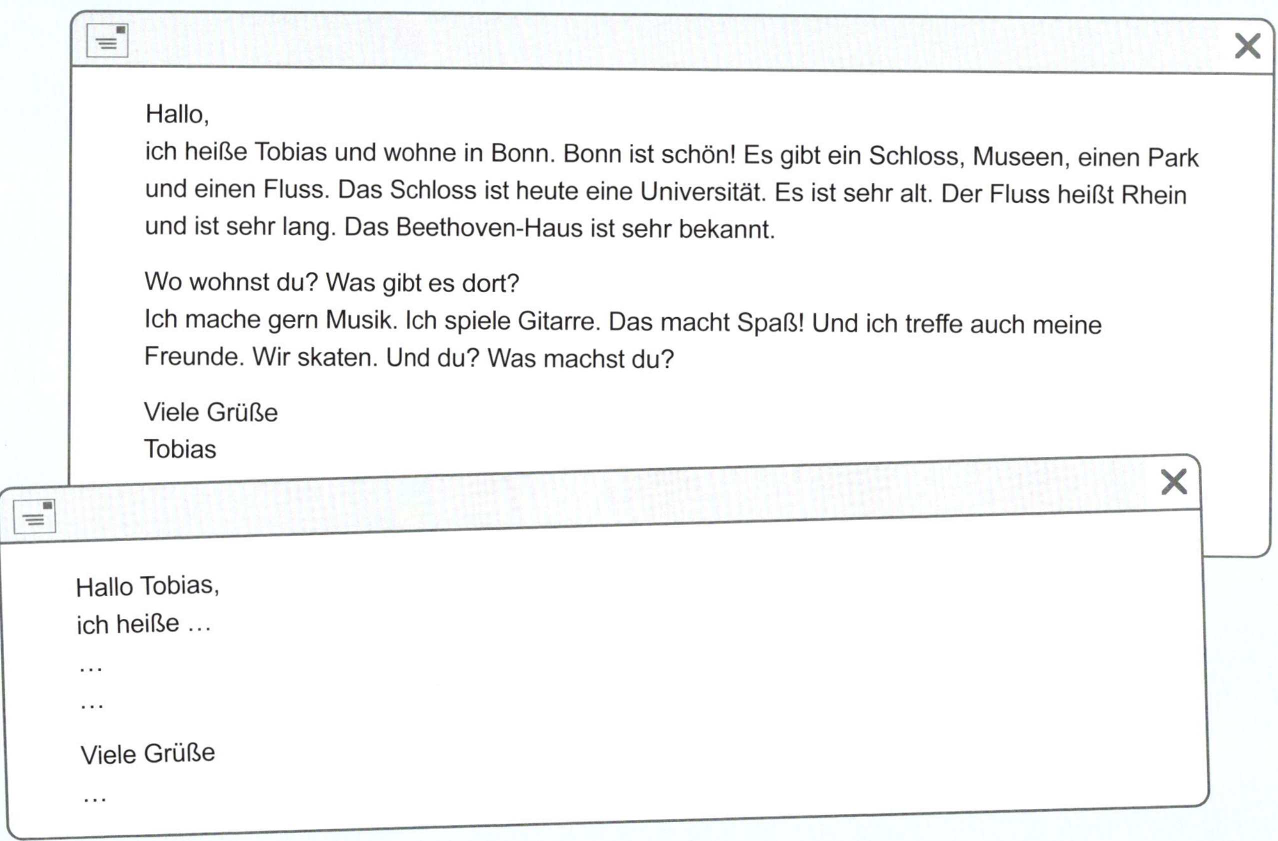

Hallo,
ich heiße Tobias und wohne in Bonn. Bonn ist schön! Es gibt ein Schloss, Museen, einen Park und einen Fluss. Das Schloss ist heute eine Universität. Es ist sehr alt. Der Fluss heißt Rhein und ist sehr lang. Das Beethoven-Haus ist sehr bekannt.

Wo wohnst du? Was gibt es dort?
Ich mache gern Musik. Ich spiele Gitarre. Das macht Spaß! Und ich treffe auch meine Freunde. Wir skaten. Und du? Was machst du?

Viele Grüße
Tobias

Hallo Tobias,
ich heiße …
…
…

Viele Grüße
…

SPRECHEN

 **Wer bist du? Stell dich vor.**

Mein Name ist …

Ich bin … Jahre alt.

Ich wohne in …

Ich habe … (Geschwister / Katze / Zimmer / …)

Ich … (Fußball spielen / lesen / …)

Sprecht zu zweit.

1. Begrüßt euch.
2. Person A: Würfel ein Thema. Stell zwei Fragen.
3. Person B: Beantworte die Fragen.
   Dann würfelst du ein Thema. Stell zwei Fragen.
4. Person A: Beantworte die Fragen.

Beispiel

Thema Familie

Bruder

Mögliche Fragen:
Hast du einen Bruder?
Wie alt ist dein Bruder? Wie ist er? …

MEDIATION: SPRECHEN

Du besuchst mit deinem Vater / deiner Mutter deine Freundin Mia und die Familie von Mia. Dein Vater / Deine Mutter spricht kein Deutsch. Du vermittelst als Person C. Verteilt die Rollen und spielt die Situation zu dritt.

Person A: Mutter / Vater von Mia	Person B: dein Vater / deine Mutter	Person C: du

Situation:
Person A: Begrüße die Gäste auf Deutsch. Frag den Namen von Person B. Biete etwas zu trinken an.
Person B: Du verstehst kein Deutsch. Begrüße in deiner Sprache.
Person C: Stell deinen Vater / deine Mutter auf Deutsch vor. Sag, was er / sie trinken möchte.

Grammatik

1 Verben: Präsens

	sein	haben	heißen	wohnen
ich	**bin**	hab**e**	heiß**e**	wohn**e**
du	**bist**	**hast**	hei**ßt**	wohn**st**
er, es, sie	**ist**	**hat**	heiß**t**	wohn**t**
wir	**sind**	hab**en**	heiß**en**	wohn**en**
ihr	**seid**	hab**t**	heiß**t**	wohn**t**
sie, Sie	**sind**	hab**en**	heiß**en**	wohn**en**

Regelmäßige Verben: *wohnen, machen, trinken, hören, lernen, spielen, schwimmen, studieren, besuchen …*

Es gibt 6 Personen, aber nur 4 Endungen. Welche Endungen sind bei regelmäßigen Verben gleic

Verbstamm auf -t/-d: + e
*du arbeit**est***
*er, es, sie arbeit**et***
*ihr arbeit**et***

Verbstamm auf -s/-ß/-z: nur -t
(2. Person Sg.)
*du hei**ßt***

Clip 3

Höfliche Fragen mit *Sie*

Wie heißen **Sie**?
Wo wohnen **Sie**?
Haben **Sie** Kinder?
Sind **Sie** Lehrerin?

Sie steht für Singular und Plural.

2 Aussagesatz

Position 1	Position 2	
Leon	**spielt**	Fußball.
Leon	**spielt**	heute Fußball.
Leon	**spielt**	heute mit Jonas Fußball.

Sätze verbinden mit *aber*

Das Haus ist nicht groß, **aber** (es ist) schön.
Das Zimmer ist praktisch, **aber** (es ist) ein bisschen ungemütlich.

Was steht vor *aber*?

3 Ich möchte ...

ich	möchte
du	möchtest
er, es, sie	möcht**e**
wir	möchten
ihr	möchtet
sie, Sie	möchten

Clip 4

möchte + Nomen

Was möchtest du?
Möchtest du eine Tasse Tee?
Ich möchte ein Glas Wasser.

Clip 5

möchte + Verb im Infinitiv

Was möchtest du machen?
Möchtest du skaten?
Ich möchte lieber lesen.
Er möchte nicht schwimmen.

Position 1	Position 2		Satzende
Leon	**möchte**	heute Fußball	**spielen.**
Er	**möchte**	nicht	**schwimmen.**

Wo steht *möchte* im Satz?

Clip 6

4 Nomen und Artikel

- Da ist eine Katze!
- Das ist die Katze von Familie Lenz.

eine Katze = eine von vielen
(ich kenne sie nicht)

die Katze = die hier
(ich kenne sie jetzt)

- Was ist das?
- Das ist ein Schloss.
- Das Schloss ist sehr schön.

5 Der unbestimmte Artikel: Nominativ und Akkusativ

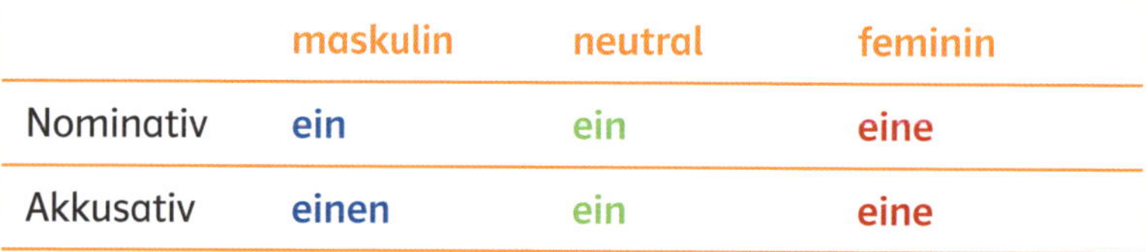

	maskulin	neutral	feminin
Nominativ	ein	ein	eine
Akkusativ	einen	ein	eine

Was ändert sich im Akkusativ? Vergleiche.

es gibt + Akkusativ

Gibt es in Berlin einen Fluss? ▶ Ja, es gibt einen Fluss.
Im Zimmer gibt es einen Tisch, ein Sofa und eine Lampe.

6 Nomen und Personalpronomen

der Bahnhof	→ **er**	Das ist der Bahnhof. **Er** ist sehr modern.
das Stadion	→ **es**	Das ist das Stadion. **Es** ist groß.
die Bibliothek	→ **sie**	Das ist die Bibliothek. **Sie** ist ruhig.
die Brücken	→ **sie**	Es gibt zwei Brücken. **Sie** sind alt.

7 Negation mit *nicht* und *kein-*

Adjektive

Das Haus ist **nicht groß**.
Ich bin **nicht müde**.

Verben

Ich möchte **nicht lernen**.
Ich möchte **nicht** Hausaufgaben **machen**.

Nomen

Das ist **kein Fußball**, das ist ein Basketball.
Ist das eine Lampe? ▶ Nein, das ist **keine Lampe**.

maskulin	neutral	feminin	Plural
kein	kein	keine	keine

8 Fragewörter: *was*

Was ist das?
Was gibt es in Berlin?
Was möchtest du trinken?

Wer? → Personen
Was? → Sachen

9 Präpositionen: *mit, ohne*

Ich trinke gern Tee **mit** Honig.

Möchtest du eine Cola **mit** Eis und Zitrone? ▶ **Ohne** Zitrone, bitte.

Land und Leute extra 2

1 Welche deutschsprachigen Länder sind das? Vergleiche mit der Karte vorne im Buch.

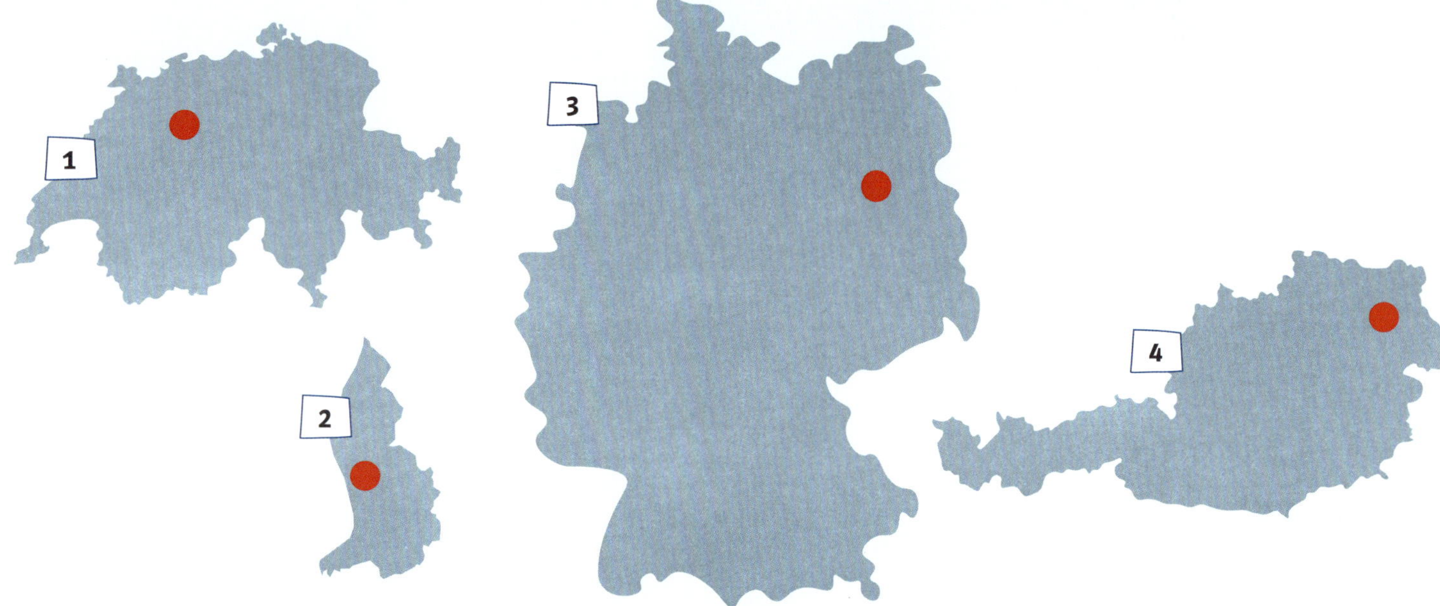

2 Wo passen die Informationen? Ordne die Länder zu.

Land:	...	...	...	...
Einwohner:	83 Millionen	8,8 Millionen	8,5 Millionen	38.000
Hauptstadt:	Berlin	Wien	Bern	Vaduz

3 Wisst ihr noch etwas über die Länder? Sprecht in der Klasse.

Film

Film 2

4 Welche Sehenswürdigkeiten stellt Jannis vor? Sieh den Film an.

5 Wo ist Jannis gern? Wie ist es da?

Übungen und Lernwortschatz

Wir starten Modul 1+2

1 **Findest du noch 6 Wörter? Markiere.**

LoMusikblaSchokoladeRsuperqpFußballaodComputerlzySportniDeutschlandtzk

2 **Wie heißen die Personen? Ordne die Namen zu.**

Marlene | Max | Anna Richter

Hallo!

Ich bin M__________. Ich bin __________. Ich bin __________.

3 **Kennst du Personen aus Deutschland, Österreich oder aus der Schweiz? Notiere die Namen.**

Manuel Neuer	Cornelia Funke

4 **Was ist Deutsch? Markiere.**

weiß cabeça Schule atención leão müde naïve zwei

accueil she ich señora csokoládé hören cześć

1.01

5 **Alles richtig? Hör die deutschen Wörter aus Übung 4 und lies mit.**

6 
Wie viele ß findest du? Markiere.

7 Schreib die Wörter nach.

8 Wie sind die Autokennzeichen? Hör zu und notiere.

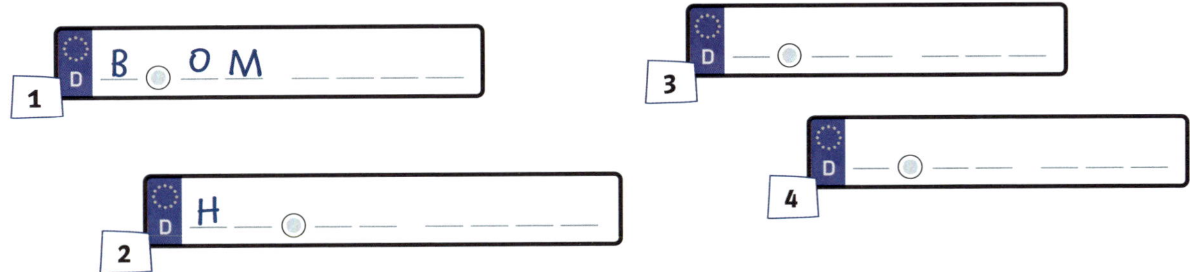

9 Schreib die Zahlen ins Kreuzworträtsel.

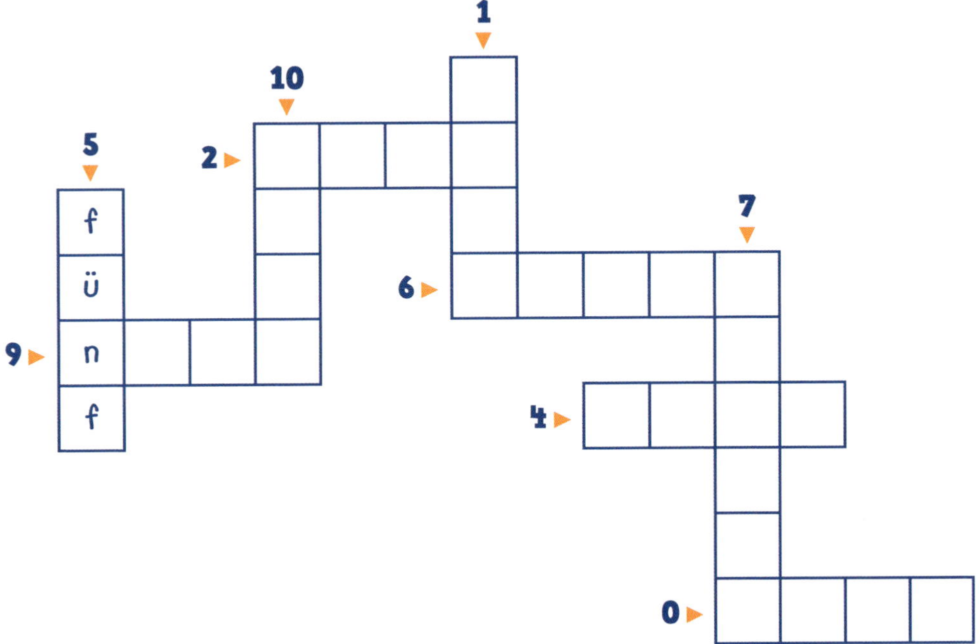

10 Welche Zahlen sind nicht im Rätsel? Notiere.

____

1 Wer ist das?

1 **Was antworten die Kinder? Schreib die Sätze.**

1

Lara

● Hallo! Wie heißt du?
○ Ich heiße Lara.

2
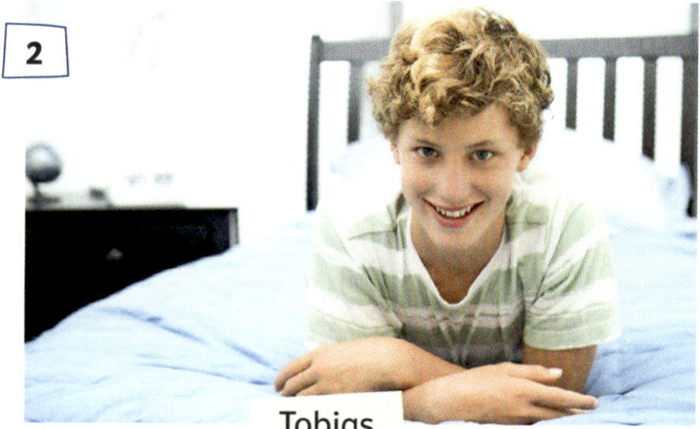
Tobias

● Wie heißt du?
○ ______________________

3

Eric

● Wer bist du?
○ ______________________

4

Anna

● Hi! Wer bist du?
○ ______________________

2 **Und wie heißt du? Notiere die Antwort.**

____

3 ***heiße* oder *heißt*? Kreuz an.**

● Wie ☐ heiße ☒ heißt du?
○ Ich ☐ heiße ☐ heißt Daniel. Und wie ☐ heiße ☐ heißt du?
● Ich ☐ heiße ☐ heißt Alex.

4 **Was passt? Ergänze.**

ist | ~~bin~~ | ist | bist | bin

● Hallo! Ich bin ______ Alex. Und du? Wer ______ du?

○ Ich ______ Lara. Wer ______ das?

● Das ______ Micki.

5 **Herr oder Frau? Schreib Sätze wie im Beispiel.**

Richard Meier

Das ist Herr Meier.

Andrea Brall

______

Wolfgang Lau

______

Hannelore Schupp

______

6 **Trenn die Wörter und notiere die Fragen und Antworten.**

1. hallo|wie|heißtduichheißefelix

● Hallo, wie ______?

○ ______.

2. weristdasdasistfraulenz

● ______?

○ ______.

7 Was passt zusammen? Verbinde.

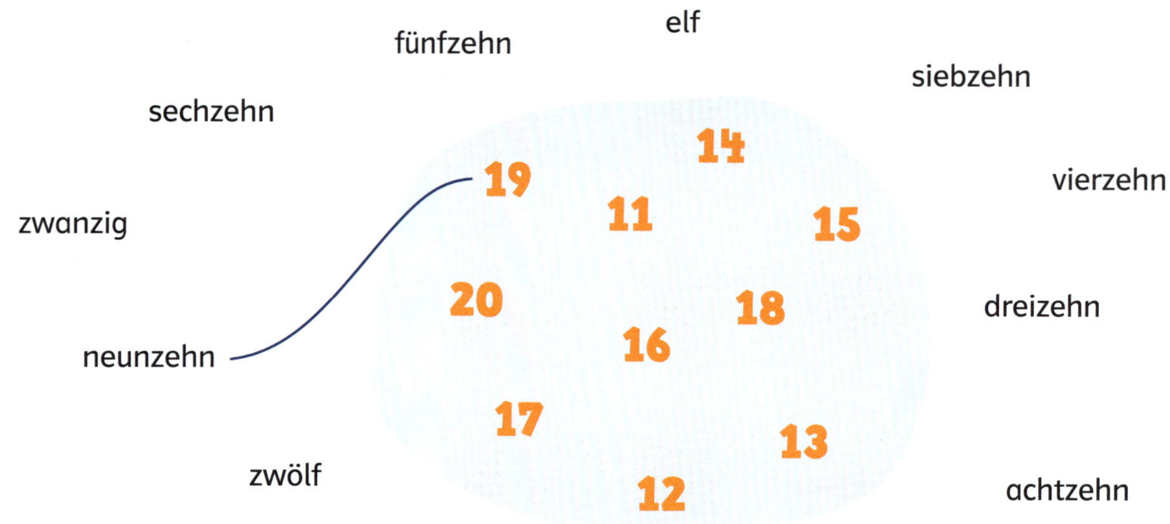

8 *s* oder *z*? Hör zu und ergänze die Wörter.

1.03

s echs ___ ieben ___ ehn ___ wölf

fünf ___ ehn ___ ech ___ ehn ___ ieb ___ ehn

9 Bingo! Was hörst du? Markiere.

1.04

~~4~~	3	18	15
19	14	10	11
12	8	9	6
20	7	13	1

10 Was passt? Kreuz an.

1. ● Wer ☐ bin ☒ bist du?
   ○ Ich ☐ bin ☐ bist Eric.
2. ● Ich ☐ bin ☐ bist Helena. Ich ☐ bin ☐ bist 12. Wie alt ☐ bin ☐ bist du?
   ○ Ich ☐ bin ☐ bist 11.
3. ● Wie alt ☐ bin ☐ bist du?
   ○ Ich ☐ bin ☐ bist 12 Jahre alt.

11 Wie sind die Fragen? Notiere.

Wie | bist du? | heißt du? | Wer | Wie alt | ist das?

1. ______________________________
2. ______________________________
3. ______________________________

12 Was passt zusammen? Verbinde.

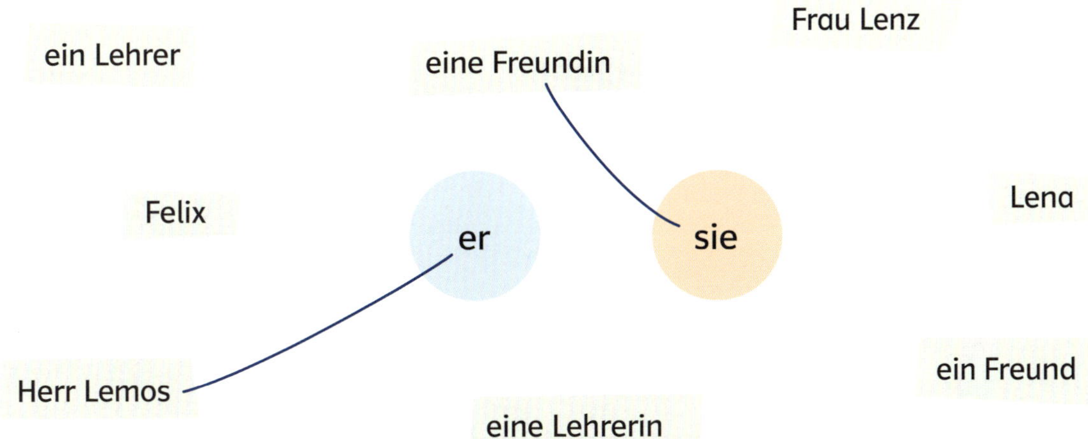

13 *er* oder *sie*? Ergänze.

1. Das ist Leonie. Sie ist eine Freundin von Lena.
2. Das ist Daniel. ______ ist ein Freund von Felix.
3. Hier ist Herr Seidel. ______ ist ein Lehrer von Daniel.
4. Das ist Frau Stein. ______ ist eine Lehrerin von Daniel.

14 Beschreib die Personen.

Herr Orff
35 Jahre
Lehrer von Alex

Das ist Herr ______

______

______

______

Das ist Frau ______

______

______

______

Frau Köhler
30 Jahre
Lehrerin von Anna

15 Wo steht das Verb? Schreib die Sätze in die Tabelle.

	Position 1	Position 2	
Das ist Herr Schmidt.	Das	ist	Herr Schmidt.
Leonie ist 14.			
Hier ist Alex.			
Wer ist das?			
Wie heißt du?			

1.05

16 Richtig schreiben: *ei* oder *ie*? Hör zu und ergänze.

1. ein | ich h___ße | s___ben | h___r | zw___ | s___

2. ● W___ h___t d___ Lehrerin? ○ S___ h___ßt Soph___ S___del.

1.06

17 Wer passt? Lies die Sätze, hör zu und kreuz an.

	Daniel	Eric	Tobias
1. Er ist 13 Jahre alt.	X		
2. Er ist 12 Jahre alt.			
3. Er ist ein Freund von Alex.			
4. Er ist ein Freund von Helena.			
5. Er ist neu.			

18 Und was sagst du? Stell dich vor.

Ich ...

19 Was passt wo? Ordne zu und notiere.

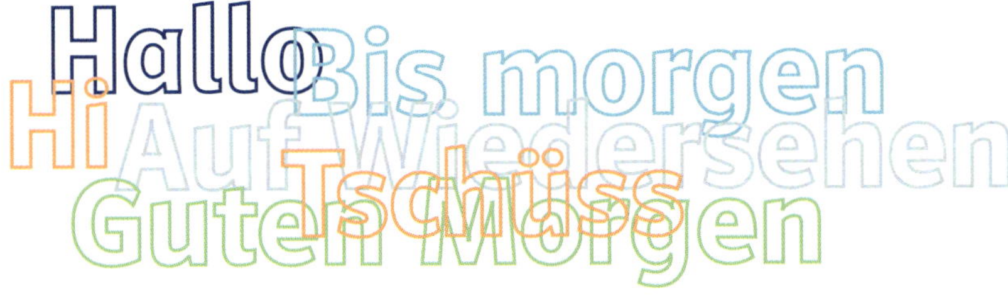

begrüßen	verabschieden
Hi !	___ !
___ !	___ !
___ !	___ !

2 Das ist meine Familie

1 **Wer ist das? Ergänze.**

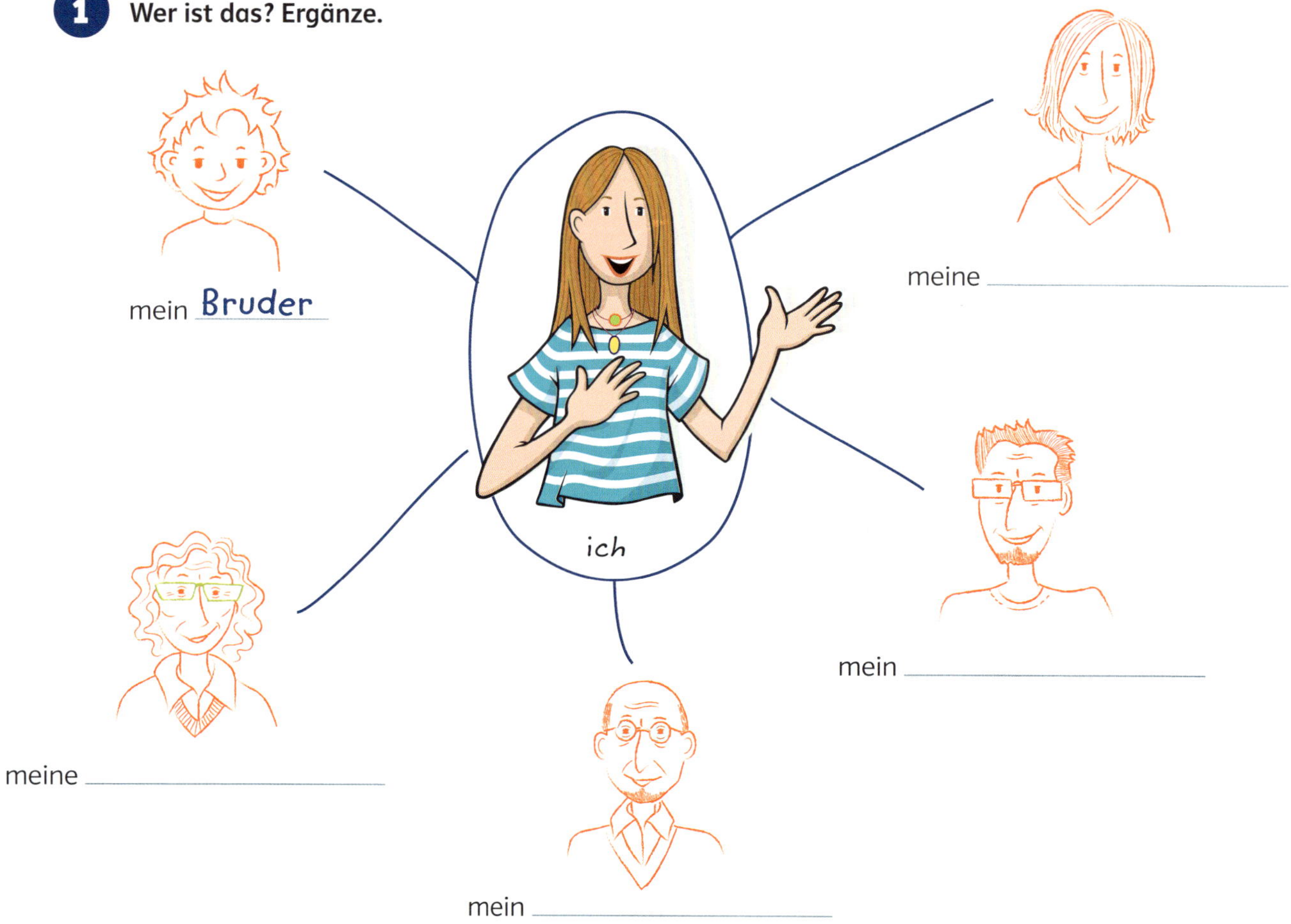

mein Bruder

meine ______

ich

mein ______

meine ______

mein ______

2 ***mein* oder *meine*? Kreuz an.**

Das ist ☐ mein ☒ meine Familie! Hier ist ☐ mein ☐ meine Mutter. Sie heißt Helena. ☐ Mein ☐ Meine Vater heißt Frank. ☐ Mein ☐ Meine Schwester heißt Nina und ist 9 Jahre alt. Und das ist ☐ mein ☐ meine Oma Birgit.

3 Was sagt Sofia zu Lena? Ordne zu.

mein | ~~dein~~ | meine | deine | mein | dein

Also, Lena. Dein ________ Vater heißt Robert, richtig? Und ________ Mutter heißt Anja. ________ Mutter heißt Maria und ________ Vater Carlos. ________ Bruder heißt Felix und ________ Bruder heißt Max.

4 Schreib die Fragen.

1. Name Schwester? Wie heißt deine Schwester?
2. Name Oma? ________
3. Name Opa? ________

5 Wie beschreibt Lukas Hoffmann die Familie? Verbinde.

1. Eva und Daniel sind
2. Lilly ist
3. Felix ist
4. Lena ist
5. Anja ist
6. Robert ist
7. Erika und Franz sind

a. mein Cousin.
b. meine Schwester.
c. meine Eltern.
d. mein Onkel.
e. meine Tante.
f. meine Großeltern.
g. meine Cousine.

6 Wer ist das? Ergänze.

1. Das Kind von Papa ist mein Bruder oder meine ________.
2. Der Bruder von Papa ist ________.
3. Die Schwester von Papa ist ________.
4. Die Eltern von Papa sind ________.
5. Die Mutter von Mama ist ________.

G Clip 1

7 ***er* oder *sie*? Notiere.**

er ______ ______ ______

8 ***er* oder *sie*? Ergänze.**

1. Das sind meine Brüder. Sie sind fünf und zwölf Jahre alt.
2. Das ist Sophie. ______ ist meine Freundin.
3. Mein Cousin heißt Elias. ______ ist ein Baby.
4. Das sind meine Eltern. ______ heißen Eva und Peter.
5. Mein Onkel heißt Karim. ______ ist Lehrer.

1.07

9 **Welches Foto passt? Hör zu und kreuz an.**

1

☐

2

☐

10 Findest du noch 9 Wörter? Markiere und notiere die Wörter mit Artikel.

S	V	A	T	E	R	O	B
C	O	D	A	M	O	M	A
H	T	E	N	D	U	E	B
W	E	L	T	E	R	N	Y
O	N	K	E	L	K	I	K
P	C	O	U	S	I	N	E
A	N	M	E	I	N	Ü	S
S	A	B	R	U	D	E	R

die Tante

11 *ist* oder *sind*? Ergänze.

1. Das ist ______ Ali. Er ______ mein Bruder.
2. Das ______ die Eltern von Claudia.
3. Das ______ die Schwester von Tobias.
4. Das ______ Herr und Frau Meyer. Sie ______ die Großeltern von Alex.
5. Das ______ Lara. Sie ______ die Freundin von Leonie.

12 *heißt* oder *heißen*? Ergänze.

Sie heißen Mimi und Milli.

Sie ______ Billi.

Und wie ______ sie?

1.08

13 Richtig schreiben: *sch/Sch* oder *ch*? Hör zu und ergänze.

1. Schwester | ich | t_____üss | _____weiz | Österrei_____ | Züri_____
2. In Mün_____en spre_____en alle Deut_____: Ri_____tig oder fal_____?

14 Ordne die Wörter und schreib Sätze.

1. die | Mutter | Das | von | Lukas | ist

   Das ist die Mutter von Lukas.

2. die | Eltern | von | Felix | Das | sind

   ____

3. Lena | Schwester | Felix | ist | die | von

   ____

4. Freund | Felix | von | Der | Leon | heißt

   ____

5. heißt | Daniel | von | Onkel | Lena | Der

   ____

Clip 2

15 Wo ist das Verb? Schreib die Fragen in die Tabelle.

	Position 1	Position 2	
Bist du Lotta?	Bist	du	Lotta?
Ist Anna deine Mutter?			
Heißt du Emil?			
Sind das deine Eltern?			

16 Lies die Sätze und formuliere Fragen.

1. Meine Tante heißt Martina.
   Heißt deine Tante Martina?
2. Das ist Herr Lenz.
   ______
3. Mein Vater heißt Daniel.
   ______
4. Das sind meine Eltern.
   ______

17 Was passt zusammen? Verbinde.

1. Wie heißt du? — d
2. Heißt du Daniel?
3. Ist Martina deine Tante?
4. Wie heißt deine Freundin?
5. Sind das deine Eltern?

a. Nein, ich heiße Tom.
b. Ja, sie heißen Paul und Erika.
c. Nein, sie ist meine Mutter.
d. Ich heiße Tom.
e. Sie heißt Eva.

18 Wie sind die Fragen und Antworten? Schreib Minidialoge.

1. Daniel – Bruder von Lukas? ● Ist Daniel der Bruder von Lukas?
   → nein – Cousin ○ Nein, er ist der Cousin von Lukas.
2. du – heißt – Alex? ● ______
   → nein – Ali ○ ______
3. Maria – deine Schwester? ● ______
   → nein – meine Freundin ○ ______

19 Beschreib deine Familie.

______
______
______

3 Hast du Geschwister?

1 **Was passt zusammen? Verbinde.**

1. Felix — a. hat einen Bruder.
2. Sofia — b. hat eine Schwester.
3. Leon — c. hat keine Geschwister.
4. Lisa — d. hat eine Schwester.

2 **Was fehlt? Ergänze den Dialog.**

hat | habe | ~~hast~~ | hat | habe

- ● Wie viele Geschwister hast ________ du?
- ○ Ich ________ eine Schwester. Und du?
- ● Ich ________ keine Geschwister. Wie viele Geschwister ________ Anne?
- ○ Anne ________ zwei Brüder.

3 ***einen* oder *eine*? Kreuz an.**

1. Ich habe [X] einen [ ] eine Bruder.
2. Daniel hat [ ] einen [ ] eine Schwester.
3. Hast du zwei Brüder? – Nein, ich habe [ ] einen [ ] eine Bruder.
4. Theresa hat [ ] einen [ ] eine Schwester und [ ] einen [ ] eine Bruder.

4 Wie viele Geschwister haben sie? Ergänze die Sätze.

1. Max hat zwei Schwestern.
2. Julia ______
3. Helena ______
4. Tim ______ und ______

5 Wie viele Adjektive findest du? Markiere.

1. doonettsymfreundlichenlichdoofleichliebkunlangweilig
2. freindsympathischigstrengbettunfreundlichzweilustigechen

6 Ergänze Adjektive aus Übung 5.

1. Meine Katze ist l i e b.
2. Mein Bruder ist _ _ g _ _ _ _ _ _ _.
3. Meine Oma ist _ _ r _ _ _.
4. Meine Lehrer sind _ _ _ p _ _ h _ _ _ _ _.
5. Meine Freunde sind _ _ _ t _ _.

1.09

7 Welche Zahlen hörst du? Verbinde.

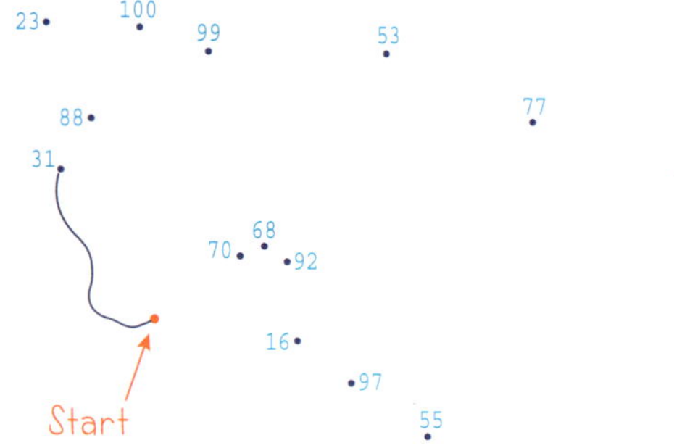

43 22 61 38

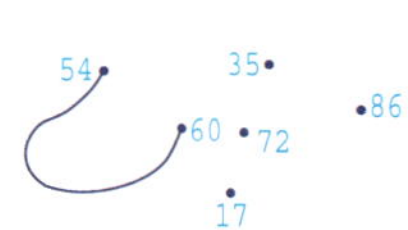

35 72 86 17

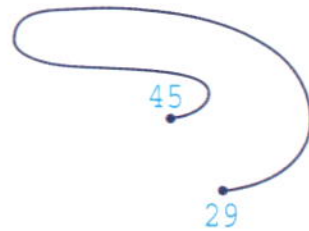

8 Finde die Zahlen und schreib sie.

vier · hundert · neun · ~~ein~~ · ein · neunzig · zwei · ~~hundert~~ · zwei · hundert · hundert · ~~zwölf~~ · tausend · hundert · sieben · eins

1. **112** einhundertzwölf
2. **200** ______
3. **401** ______
4. **702** ______
5. **990** ______
6. **1000** ______

9 Schreib die Antworten wie in Übung 8.

1. Wie alt sind deine Eltern? ______

   und ______
2. Wie ist deine Hausnummer? ______
3. Wie viele Seiten hat dein Deutschbuch? ______

10 Wer wohnt wo? Ordne zu.

wohnen | wohnt | wohnst | ~~wohne~~ | wohnt

1. Ich wohne ______ in Bonn.
2. Du ______ in Bremen.
3. Lukas ______ in Braunschweig.
4. Amelia ______ in Bielefeld.
5. Lola und Diego ______ in Berlin!

11 Was fehlt? Lies die Antworten und ordne das richtige Fragewort zu.

Wie | ~~Wer~~ | Wie alt | Wie | Wo | Wer | Wie

1. ● Wer ______ bist du? ○ Ich bin Anna.
2. ● ______ heißt deine Schwester? ○ Sie heißt Lina.
3. ● ______ ist sie? ○ Sie ist nett!
4. ● ______ wohnst du? ○ Ich wohne in Berlin.
5. ● ______ ist dein Bruder? ○ Er ist 15.
6. ● ______ ist dein Lehrer? ○ Er ist streng.
7. ● ______ ist das? ○ Das ist meine Freundin Emma!

12 Welche Antwort passt? Kreuz an.

1. Wie heißt du?
   a. [X] Ich heiße Max.
   b. [ ] Ja, ich heiße Max.
2. Bist du Sofia?
   a. [ ] Ich heiße Sophie.
   b. [ ] Nein, ich heiße Sophie.
3. Ist das dein Onkel?
   a. [ ] Nein, das ist mein Vater.
   b. [ ] Mein Onkel.
4. Wie alt bist du?
   a. [ ] Vierzehn.
   b. [ ] Ja, ich bin vierzehn.

1.10

13 **Wer stellt sich aus der Familie von Paul vor? Hör zu und ergänze die Informationen.**

Name	Julia	Jonas	Anita
Wer?	Cousine von Paul	_____ von Paul	_____ von Paul
Alter			
Wohnort			

14 **Stell eine Person aus Übung 13 vor.**

Das ist _____

15 **Wie geht's? Sieh die Smileys an und antworte.**

müde | ~~glücklich~~ | krank | nervös | traurig

1. Sehr gut! Ich bin glücklich.
2. Es geht. Ich _____
3. Nicht _____
4. _____
5. _____

16 **Und dir? Wie geht's? Notiere.**

_____

1.11

17 **Richtig schreiben: *v* oder *w*? Hör zu und ergänze.**

W ohnen | V ierzehn | ___ir | ___er | z___ei | E___a

Sch___ester | ___ie | ___iel | z___anzig | Ant___ort

18 **Lies die E-Mail von Sofia und ergänze.**

Hallo Dora,
wie geht's? Alles gut? Ich bin glücklich.

Wir wohnen jetzt in Berlin. Ich habe schon eine Freundin! Sie heißt ___________ und ist ___________ Jahre alt. Lena ist sympathisch.

Der Bruder von Lena heißt ___________. Er ist elf Jahre alt. Die ___________ von Lena heißen Robert und Anja. Sie sind nett. Lena hat auch eine ___________! Sie heißt Minka.

Schreib bitte!
Bis bald
Sofia

19 **Lies die Fragen und schreib einen Text über deinen Freund / deine Freundin.**

Wie heißt er / sie?
Wie ist er / sie?
Wo wohnt er / sie?
Hat er / sie Geschwister?
Wie heißen die Geschwister / Eltern?

Mein Freund / Meine Freundin

Wortschatz Modul 1

1 Wer ist das?

KB 1–8

		Meine Sprache
die Katze, die Katzen		
Frau …	Das ist Frau Lenz.	
Herr …	Das ist Herr Lenz.	
heißen	*ich heiße, du heißt, …*	
sein	*ich bin, du bist, …*	
ich	Ich bin Felix.	
du	Wer bist du?	
Das ist …	Das ist Minka.	
ein, eine	Minka ist eine Katze.	
und		
Wer?	Wer ist das?	
Wie?	Wie heißt du?	
Guten Morgen!		
Hallo!		
Hi!		
Das sind wir.		

KB 9–16

das Jahr, die Jahre	Ich bin 12 Jahre alt.	
neu		
hier	Ich bin neu hier.	
auch	Ich bin auch 12.	
Wie alt …?	Wie alt bist du?	

KB 17–22

die Mama, die Mamas	Hallo, Mama!	
der Freund, die Freunde		
die Freundin, die Freundinnen		

		Meine Sprache
der Lehrer, die Lehrer		
die Lehrerin, die Lehrerinnen		
er	Er heißt Felix.	
sie	Sie heißt Lena.	
von	Leon ist ein Freund von Felix.	
Guten Tag!		
Auf Wiedersehen!		
Tschüss!		
Bis morgen!		

1 **Welche Begrüßung passt? Notiere.**

  ______________________

2 **Ergänze.**

der Lehrer — die ______________

der ______________ —  die Freundin

3 **Was passt? Ergänze.**

1. Hallo! ↔ _ _ _ _ _ _ _ !
2. Guten Tag! ↔ _ _ _ _ _ _ _ _ _ _ _ _ _ _ !

4 **Ordne die Dialoge.**

1. [ ] ○ Das ist Herr Lenz.
   [1] ● Wer ist das?
   [ ] ● Aha!

2. [ ] ○ Das ist Minka.
   [ ] ● Oh! Hier ist eine Katze!
   [ ] ● Aha!

2 Das ist meine Familie

KB 1–5

		Meine Sprache
die Familie, die Familien	Familie Lenz	
die Mutter, die Mütter		
der Vater, die Väter		
der Papa, die Papas		
die Schwester, die Schwestern		
der Bruder, die Brüder		
die Oma, die Omas		
der Opa, die Opas		
der Name, die Namen	Name: Felix Lenz	
mein, meine	Das ist mein Vater.	
dein, deine	Wie heißt deine Mutter?	

KB 6–10

die Eltern (Plural)	Das sind meine Eltern.	
die Großeltern (Plural)		
die Tante, die Tanten		
der Onkel, die Onkel	Das ist mein Onkel Daniel.	
der Cousin, die Cousins		
die Cousine, die Cousinen		
das Kind, die Kinder		
das Baby, die Babys		
die Nummer, die Nummern	Wer ist Nummer 2?	
sie (Pl.)	Sie heißen Anja und Robert.	
der, das, die		
richtig		
falsch		
noch	Lilly ist noch ein Baby.	
oder	Richtig oder falsch?	

KB 11–17

		Meine Sprache
ja		
nein		

1 Ergänze.

der Vater	die ______
der ______	die Schwester
der Opa	die ______

2 Maskulin, neutral oder feminin? Markiere in der Wortliste.

die Familie, die Familien	
der Vater, die Väter	
das Kind, die Kinder	

3 Was passt zusammen? Verbinde.

1. Lena Lenz
2. Vater, Mutter und Kinder
3. neun

a. die Familie
b. die Nummer
c. der Name

4 *ja* oder *nein*? Ergänze.

- Heißt du Julia? ○ ______, ich heiße Julia Grimm.
- Sind Sie Herr Vogt? ○ ______, ich bin Herr Schupp.

3 Hast du Geschwister?

➔ KB 1–8

		Meine Sprache
die Geschwister (Plural)		
haben	Hast du Geschwister?	
nett	Sofia ist nett!	
doof		
freundlich ↔ unfreundlich		
sympathisch		
langweilig		
lieb		
streng	Meine Tante ist streng.	
lustig		
kein, keine	Ich habe keine Geschwister.	
viele	Ich habe viele Geschwister.	

➔ KB 9–15

das Haus, die Häuser		
wohnen	Wo wohnen Felix und Lena?	
in	Leon wohnt in Haus 17.	
plus	11 + 2	

➔ KB 16–22

das Alter, die Alter		
die Stadt, die Städte		
gut		
glücklich	Ich bin glücklich.	
super		
müde	Ich bin müde.	
krank		
nervös		
traurig	Ich bin traurig.	
sehr	Meine Katze ist sehr lieb.	

		Meine Sprache
Wie geht's?		
Gut, danke!		
Es geht.		
Nicht so gut.		
Und dir?		

1 Welche Wörter sind Adjektive? Markiere in der Wortliste.

die Geschwister (Plural)	
haben	
nett	
doof	

2 Kurz oder lang? Sprich die Adjektive laut.

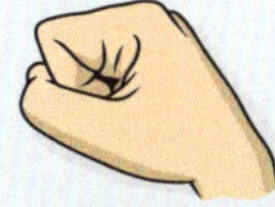

nett

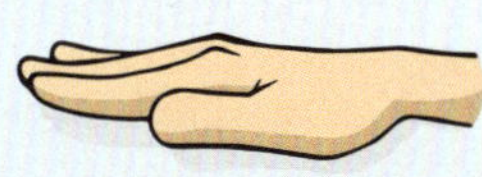

doof

3 *viele* oder *sehr*? Ergänze.

Mia hat ____________ Geschwister.

Mia ist ____________ glücklich.

4 Mal 3 Smileys zu den Sätzen.

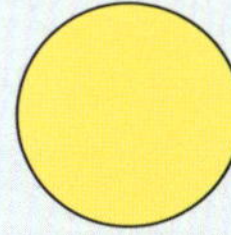

Super!

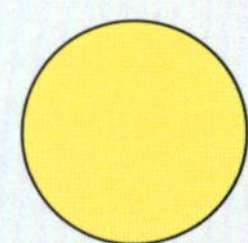

Nicht so gut. Ich bin krank.

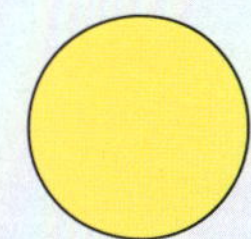

Es geht. Ich bin müde.

1 Wo wohnt ihr?

1 **Was fragen die Freunde? Lies die Chats und ordne die Fragen zu.**

Wie ist die Adresse? | Habt ihr Freunde? | ~~Wo wohnt ihr?~~ | Seid ihr glücklich?

1 Wo wohnt ihr?

Wir wohnen jetzt in Berlin.

2 ______________________

3 ______________________

Spreestraße 23.

Ja, wir sind glücklich! Berlin ist super.

4 ______________________

Ja, wir haben Freunde. Sie sind nett.

2 **Was passt wo? Ordne zu.**

habt | ~~haben~~ | sind | seid | wohnt | wohnen

	haben	sein	wohnen
wir	haben		
ihr			

3 Was passt? Kreuz an.

1. ● Ihr ☐ sind ☒ seid neu hier, richtig?
   Wer ☐ sind ☐ seid ihr?
   ○ Das ☐ ist ☐ sind Max. Ich ☐ bin ☐ ist Leon.
2. ● ☐ Hast ☐ Habt ihr Geschwister?
   ○ Ich ☐ habe ☐ hast einen Bruder.
   Max ☐ hat ☐ habt eine Schwester.
3. ● Wo ☐ wohnst ☐ wohnt ihr?
   ○ Wir ☐ wohne ☐ wohnen in der Sonnenallee.

4 Ergänze die Verben in der richtigen Form.

Hallo Helena, hallo Paul,

wie geht's? Wir sind (sein) jetzt in Berlin! Wir ________ (wohnen) in der Kantstraße 4. Es ist hier sehr schön. Wir ________ (haben) schon Freunde! Sie ________ (wohnen) auch in der Kantstraße und ________ (sein) sehr nett. Wir ________ (haben) auch eine Katze, Trixi. Und ihr? ________ (wohnen) ihr noch in Augsburg? ________ (sein) ihr glücklich da?

Viele Grüße
Tim und Niki

5 Hör zu und kreuz die richtige Adresse an.

1.12

1.	☐ Schillerstraße 15	☐ Schildstraße 5	☒ Schillingstraße 15
2.	☐ Kollatzstraße 36	☐ Kollwitzstraße 36	☐ Kollostraße 63
3.	☐ Berner Straße 7	☐ Bergstraße 17	☐ Bernauer Straße 7

6 Wer wohnt wo? Schreib Sätze.

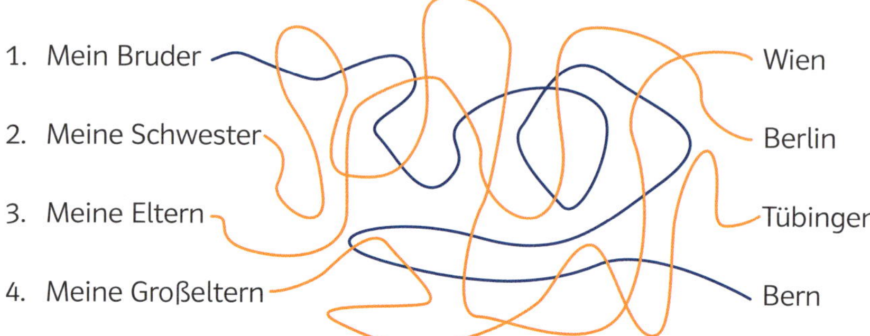

1. *Mein Bruder wohnt in Bern.*
2. ______
3. ______
4. ______

7 Wo in Österreich liegen die Städte? Ergänze.

1. Klagenfurt *liegt im Süden.*
2. Bregenz ______
3. Linz ______
4. Wien ______

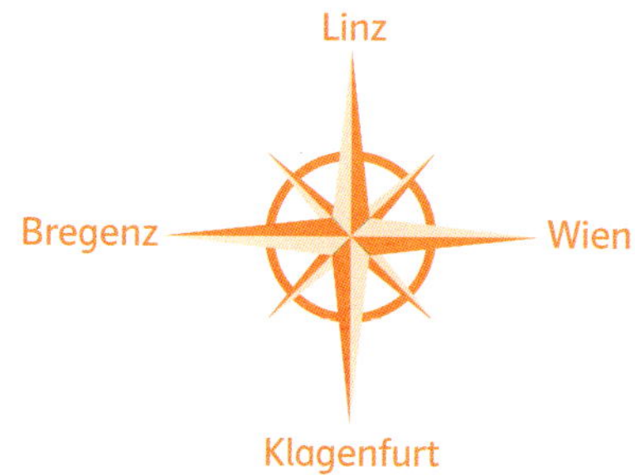

8 Korrigiere die Sätze.

1. München liegt im Süden von Österreich.

   München liegt im Süden von Deutschland.
2. Hamburg liegt in der Mitte von Deutschland.

   ______
3. Zürich liegt im Osten von der Schweiz.

   ______

9 Ergänze die Wörter.

der Fluss

der T____

der B____

der Z____

der F____

der S____

der P____

das T____

das K____

das M____

das St____

das T____

das Sch____

die U-____

die B____

10 Wo liegen die Sehenswürdigkeiten? Schreib Sätze wie im Beispiel.

1. Der Bahnhof liegt in der Mitte von Wirstadt.
2. ____
3. ____
4. ____
5. ____

1.13

11 Richtig schreiben: kurzes *i* oder langes *ie*? Hör zu und ergänze.

s_i_nd | l_ie_gen | M___tte | W___n | s___ | ___n | d___

v___le | n___cht | ___ch | h___r | ___st | stud___ren | B___bliothek

12 Wo gibt es das in deinem Land? Schreib 4 Sätze.

einen Flughafen | eine Universität | einen Turm | ein Stadion

1. In ______ gibt es ______
2. ______
3. ______
4. ______

13 Was passt zusammen? Verbinde.

1. Das ist der Flughafen.
2. Hier ist die Bibliothek.
3. Es gibt hier viele Restaurants.
4. Das ist das Stadion.

a. Es ist sehr bekannt.
b. Sie sind schön.
c. Sie ist sehr alt.
d. Er ist sehr modern.

1.14

14 Was sehen die Kinder auf der Bustour? Hör zu und nummeriere in der richtigen Reihenfolge.

1.14

15 **Wie sind die Sehenswürdigkeiten? Hör noch einmal und ordne zu.**

bekannt | ~~hoch~~ | groß | alt | schön | interessant | modern

1. Der Fernsehturm ist sehr hoch.
2. Der Berliner Dom ist sehr ______.
3. Das Deutsche Historische Museum ist ______ und ______.
4. Die Universität ist ______ und ______.
5. Das Brandenburger Tor ist sehr ______.

16 **Verbinde die Gegenteile.**

1. ruhig	a. groß
2. klein	b. unbekannt
3. neu	c. kurz
4. interessant	d. laut
5. lang	e. langweilig
6. bekannt	f. alt

17 **Wie ist diese Sehenswürdigkeit? Beschreib.**

Name? – der Botanische Garten
Was? – ein Park
Wo? – im Westen von Berlin
Was gibt es dort? – ein Museum, einen See
Wie? – groß, interessant, schön

Das ist der Botanische Garten. Er ist ein ______

______

______

______

______

2 Besuch bei Familie Lenz

1 **Was fragt Frau Lenz? Ergänze die Dialoge.**

Wie geht's dir? | ~~Wie geht's Ihnen?~~ | Möchtest du etwas trinken? | Frau Lemos, möchten Sie etwas trinken?

- Hallo, Frau Lemos!
  Wie geht's Ihnen?
- Gut, danke!
- Und dir, Sofia?
  ____
- Es geht.

- ____________________
  ____
- Ja, gern.
- Und du, Sofia?
  ____
- Nein, danke.

G Clip 3

2 **Zu welchem Foto passen die Sätze? Notiere A oder B.**

A

B

1. [A] Wie heißen Sie? [ ] Wie heißt du?
2. [ ] Wohnst du hier? [ ] Wohnen Sie hier?
3. [ ] Sind Sie neu hier? [ ] Bist du neu hier?
4. [ ] Wie geht's dir? [ ] Wie geht's Ihnen?

3 Wie sind die Fragen? Verbinde.

1. Wie …
2. Wohnen …
3. Was …
4. Was …
5. Haben …

a. machen Sie hier?
b. Sie Kinder?
c. heißen Sie?
d. Sie hier?
e. sind Sie von Beruf?

4 Ergänze die Endungen der regelmäßigen Verben.

	wohnen	gehen	besuchen	machen
ich	wohn**e**	geh e	besuch___	mach___
du	wohn**st**	geh st	besuch___	mach___
er, sie	wohn**t**	geh___	besuch___	mach___
wir	wohn**en**	geh___	besuch___	mach___
ihr	wohn**t**	geh___	besuch___	mach___
sie, Sie	wohn**en**	geh___	besuch___	mach___

5 Was passt? Kreuz an.

1. ● Julia, wo ☐ wohne ☒ wohnst du?
   ○ Ich ☐ wohne ☐ wohnst in Basel.
2. ● Frau Wagner, wo ☐ arbeitest ☐ arbeiten Sie?
   ○ In Berlin. Ich ☐ bin ☐ sind Architektin.
3. ● ☐ Gehst ☐ Geht du morgen zu Leon?
   ○ Nein. Morgen ☐ besuche ☐ besuchen ich Lena.
4. ● Was ☐ machen ☐ macht ihr morgen?
   ○ Wir ☐ besuchen ☐ besucht Familie Lenz.

6 **Schreib die Fragen mit *Sie*.**

1. Bist du Tim Meier? Sind Sie Tim Meier?
2. Arbeitest du heute? ______
3. Bist du Lehrer von Beruf? ______
4. Wohnst du hier? ______

7 **Wie ist das Interview? Ergänze die Fragen.**

1. Wie heißen Sie?
   Ich heiße Jan Merten.
2. ______
   Ich wohne in Berlin.
3. ______
   Ich bin Tänzer: Hip-Hop-Tänzer.
4. ______
   Ich bin 35 Jahre alt.
5. ______
   Ja, ich habe drei Kinder: eine Tochter und zwei Söhne.

8 **Stell Jan Merten vor.**

Das ist Jan Merten. Er wohnt ______

______

______

______

1.15 **9** **Richtig schreiben: *o* oder *ö*? Hör zu und ergänze.**

1. H o nig | m ö chte | Zitr__ne | nerv__s | __hne | S__hn | C__la | h__ren
2. ● W__hnen Sie in K__ln oder in B__nn? ○ In K__ln. Es ist sch__n!

1.16

10 **Was möchten die Personen? Hör zu und kreuz an.**

1. Lena: ☐ ☐ ☒
2. Ben: ☐ ☐ ☐
3. Nina und Anna: ☐ ☐ ☐
4. Herr Bau: ☐ ☐ + ☐ ☐

Clip 4

11 **Schreib Sätze mit den Informationen aus Übung 10.**

1. Lena möchte eine Tasse Tee.
2. ______________________________
3. ______________________________
4. ______________________________

12 **Was sagen Felix und Leon? Ordne den Dialog.**

☐ ● Mit Zitrone?

1 ● Felix, möchtest du ein Glas Wasser?

☐ ○ Nein, danke. Ohne Zitrone, aber mit Eis.

☐ ○ Ja, gern.

G Clip 5

13 Wo stehen die Verben? Schreib die Sätze in die Tabelle.

	Position 1	Position 2		Satzende
Was möchtest du heute machen?	Was	möchtest	du heute	machen?
Ich möchte Sport machen.				
Heute möchte ich lesen.				
Ich möchte nicht lernen.				

	Position 1	Position 2		Satzende
Möchtest du Freunde treffen?				
Möchtet ihr Fußball spielen?				

14 Schreib Minidialoge.

1. 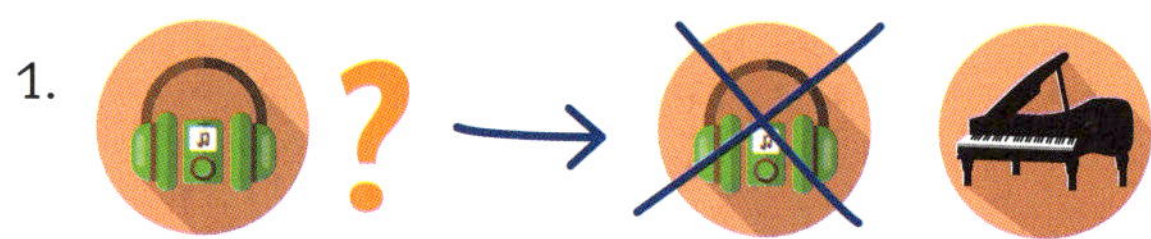

- Möchtest du Musik hören?
- Nein, ich möchte nicht Musik hören. Ich möchte lieber Klavier spielen.

2. 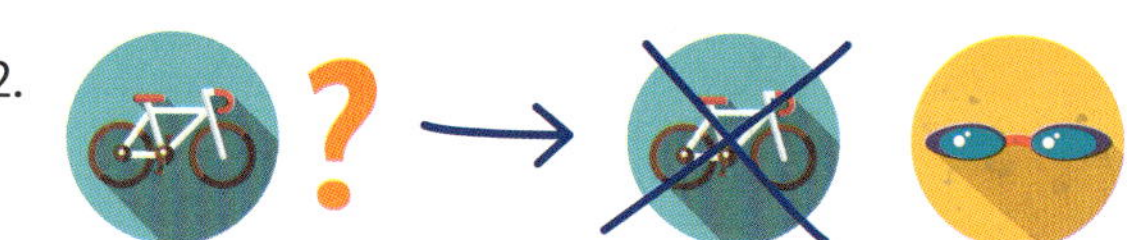

-
-

3.

-
-

15 **Was passt? Kreuz an.**

	😀	😕
1. Felix ist gern zu Hause.	☒	☐
2. Er macht nicht gern Hausaufgaben.	☐	☒
3. Er spielt gern am Computer.	☐	☐
4. Leon ist nicht gern zu Hause.	☐	☐
5. Er spielt gern Fußball.	☐	☐
6. Paul spielt nicht gern Basketball.	☐	☐

16 **Was machen die Personen? Schreib Sätze.**

1.

Lena schwimmt.

2. 

Felix und Leon ______________________

3.

Frau Lenz ______________________

4. 

Lisa und Sofia ______________________

17 **Was machst du mit deinen Freunden / Freundinnen? Schreib 3 Sätze.**

Wir fahren Fahrrad.

1. ____

2. ____

3. ____

3 Das Haus von Familie Lenz

1 **Wie heißen die Zimmer? Schreib Sätze.**

1

2

3

4

5

1. Das ist das Wohnzimmer.
2.
3.
4.
5.

2 **Wie ist das Haus von Familie Lenz? Verbinde.**

1. Das Wohnzimmer ist sehr
2. Die Küche ist sehr
3. Das Bad ist
4. Das Arbeitszimmer ist
5. Der Garten ist sehr

a. hell und sauber.
b. gemütlich und hell.
c. groß und ruhig.
d. praktisch und modern.
e. klein und ein bisschen dunkel.

3 Welche Adjektive findest du? Markiere.

ahellkasauberbdfdunkeläkypraktischlxöpoungemütlichfgpüal

kordentlichmgemütlichordmodernfnlautnöltschönzduäqiewri

4 Wo passen die Adjektive aus Übung 3? Ordne zu.

positiv +: hell, ______________________________

____

negativ –: ______________________________

5 Wie kannst du das noch sagen? Bilde Wörter wie im Beispiel.

1. nicht gemütlich = ungemütlich
2. nicht ordentlich = ______________
3. nicht praktisch = ______________
4. nicht glücklich = ______________

6 Was passt? Kreuz an.

1. Das Wohnzimmer ist …

☐ sehr hell. ☒ nicht sehr hell. ☒ ein bisschen dunkel.

2. Das Arbeitszimmer ist …

☐ ordentlich. ☐ nicht sehr ordentlich. ☐ ein bisschen unordentlich.

3. Das Bad ist …

☐ nicht sehr groß. ☐ ein bisschen klein. ☐ sehr groß.

7 Wie heißt das Lösungswort? Schreib die Wörter ins Kreuzworträtsel.

1 2 3 4 5 6

1 ▶
2 ▶
3 ▶
4 ▶
5 ▶
6 ▶

Lösungswort: das ______________________

8 Wo passen die Wörter? Ordne zu und ergänze dann die Nomen aus Übung 7.

~~Kühlschrank~~ | Herd | Dusche | Spiegel | Sofa | Sessel | Schrank | Stuhl

der	das	die
der Kühlschrank		

9 **Was passt zusammen? Verbinde.**

das Bett	er	die Gitarre
die Küche	es	das Haus
der Garten	sie	der Schrank

10 **Sieh das Bild an und notiere die Antworten.**

1. Ist das Sofa im Wohnzimmer?

   Nein, es ist im Schlafzimmer.

2. Ist der Spiegel im Schlafzimmer?

   Nein, ______

3. Ist die Pflanze im Bad?

   Nein, ______

4. Ist das Regal in der Küche?

   Nein, ______

5. Ist die große Lampe im Schlafzimmer?

   Nein, ______

6. Ist die Katze im Wohnzimmer?

   Nein, ______

1.17

11 **Richtig schreiben: sch-Laut. Ergänze *Sch/sch* oder *S/s*. Hör dann zu und sprich nach.**

Tisch | Spiegel | ___tuhl | ___rank | ___ön | prakti___ |

___tadt | ___tadion | ___loss | ___paß | ___treng | ___wimmen |

___pielen | ___lafzimmer | ___tudieren | ___traße

12 **Mal die Gegenstände in der richtigen Farbe aus.**

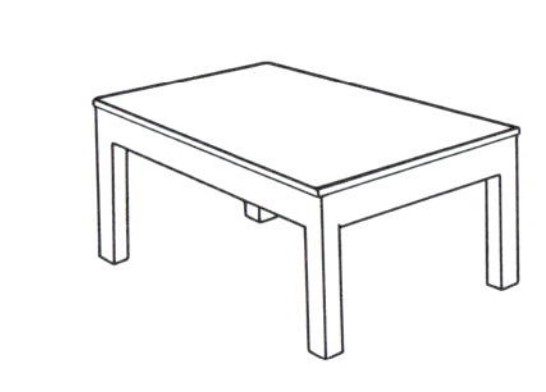

Der Stuhl ist gelb.

Das Bett ist rot.

Der Herd ist grau.

Der Tisch ist blau.

Der Sessel ist grün.

1.18

13 **Was gibt es im Zimmer von Nele? Hör zu und kreuz an.**

14 **Wie sagt man das? Schreib Minidialoge.**

1. Ein Stuhl?

- ● Ist das ein Stuhl?
- ○ Nein, das ist kein Stuhl. Das ist ein Tisch.

2. Ein Sofa?

- ● ____________________
- ○ ____________________

3. Eine Pflanze?

- ● ____________________
- ○ ____________________

Clip 6

15 **Was ist das? Wie sind die Gegenstände? Beschreib sie wie im Beispiel.**

langweilig | alt | interessant | praktisch | cool | …

1. Das ist ein Fahrrad. Das Fahrrad ist alt.
2. ______
3. ______
4. ______
5. ______

16 **Was passt zusammen? Verbinde.**

1. Gibt es einen Sessel?
2. Gibt es ein Regal?
3. Gibt es eine Pflanze?
4. Gibt es einen Computer?

a. Ja, er ist im Arbeitszimmer.
b. Ja, es ist im Schlafzimmer.
c. Ja, er ist im Wohnzimmer.
d. Ja, sie ist im Bad.

17 **Wie beschreibt Leo sein Zimmer? Lies den Text und markiere mit 3 Farben.**

Mein Zimmer ist nicht sehr groß, aber es ist super. Es ist hell und sehr praktisch. Ich habe ein Bett, einen Tisch, einen Stuhl, einen Schrank und ein Regal. Im Regal sind viele Bücher. Ich habe auch drei Pflanzen. Es gibt im Zimmer keinen Computer: Der Computer ist im Wohnzimmer. Ich mache im Wohnzimmer auch meine Hausaufgaben. Im Zimmer lese ich gern. Ich höre hier auch Musik oder chille.

1. Wie ist das Zimmer? Markiere gelb.
2. Was gibt es in Leos Zimmer? Markiere grün.
3. Was macht Leo im Zimmer? Markiere blau.

Wortschatz Modul 2

1 Wo wohnt ihr?

➔ KB 1–8

		Meine Sprache
die Adresse, die Adressen	Wie ist deine Adresse?	
die Straße, die Straßen		
besuchen		
wir	Wir wohnen in Berlin.	
ihr	Wo wohnt ihr?	
cool		
morgen		
jetzt		
schon	Habt ihr schon Freunde?	
da	Seid ihr glücklich da?	
zu Hause		
bei	Bei uns zu Hause.	

➔ KB 9–16

die Universität, die Universitäten		
der Norden (Singular)	Hamburg liegt im Norden.	
der Süden (Singular)		
der Osten (Singular)		
der Westen (Singular)		
die Mitte (Singular)	Frankfurt liegt in der Mitte von Deutschland.	
Deutschland		
die Schweiz	Zürich liegt im Norden von der Schweiz.	
Österreich	Bregenz liegt im Westen von Österreich.	
das Stadion, die Stadien		
der Flughafen, die Flughäfen		

		Meine Sprache
der Bahnhof, die Bahnhöfe	Gibt es einen Bahnhof?	
die U-Bahn, die U-Bahnen	Gibt es eine U-Bahn?	
das Kino, die Kinos	Gibt es ein Kino?	
das Theater, die Theater		
das Museum, die Museen		
die Bibliothek, die Bibliotheken		
der Fluss, die Flüsse	Es gibt einen Fluss: die Spree.	
der See, die Seen		
der Zoo, die Zoos		
der Park, die Parks		
das Schloss, die Schlösser		
das Tor, die Tore		
der Turm, die Türme		
die Insel, die Inseln		
studieren		
liegen	Wo liegt München?	
wissen	Ich weiß nicht.	
es gibt		
dort	Was gibt es dort?	
nur		

KB 17–22

die Hauptstadt, die Hauptstädte	Wien ist die Hauptstadt von Österreich.	
der Mensch, die Menschen		
der Tourist, die Touristen		
die Million, die Millionen		
die Sehenswürdigkeit, die Sehenswürdigkeiten	Das Brandenburger Tor ist eine Sehenswürdigkeit in Berlin.	
der Platz, die Plätze		
das Hochhaus, die Hochhäuser		

		Meine Sprache
die Leute (Plural)	Hier sind viele Leute!	
die Brücke, die Brücken		
der Garten, die Gärten		
das Restaurant, die Restaurants		
der Meter, die Meter	368 Meter (368 m)	
machen		
es	Das Tor: Es heißt Brandenburger Tor.	
alt ↔ neu		
bekannt ↔ unbekannt		
interessant		
groß ↔ klein		
hoch	Der Fernsehturm ist 368 Meter hoch.	
schön		
lang ↔ kurz	Die Spree ist sehr lang.	
modern		
international		
ruhig ↔ laut		
gern	Touristen machen gern Selfies.	

1 ***ihr* oder *wir*? Ergänze.**

1. ich + meine Familie = ________
2. du + deine Familie = ________

2 **Was passt? Ordne zu.**

jetzt | dort | nur

1. Wie ist München? Ist es schön ____________?
2. Elena hat drei Schwestern. Ich habe ____________ einen Bruder.
3. Ich wohne ____________ in Berlin.

3 **Notiere die Gegenteile.**

1. lang ↔ ____________
2. laut ↔ ____________
3. Norden ↔ ____________
4. Westen ↔ ____________

2 Besuch bei Familie Lenz

KB 1–3

		Meine Sprache
der Besuch, die Besuche		
die Hausaufgabe, die Hausaufgaben	Sie macht Hausaufgaben.	
trinken		
gehen		
möchten		
Sie		
etwas	Möchten Sie etwas trinken?	
zu	Ich gehe zu Lena.	
Wie geht's dir?		
Wie geht's Ihnen?		
Bitte, kommen Sie rein.		

KB 4–11

der Beruf, die Berufe	Was sind Sie von Beruf?	
der Fotograf, die Fotografen		
die Fotografin, die Fotografinnen		
der Pilot, die Piloten		
die Pilotin, die Pilotinnen		
die Tochter, die Töchter	Ich habe eine Tochter.	
der Sohn, die Söhne	Ich habe einen Sohn.	
die Tasse, die Tassen		
das Glas, die Gläser		
der Kaffee (Singular)	Möchten Sie eine Tasse Kaffee?	
der Tee (Singular)		
der Kakao (Singular)		
die Milch (Singular)		
der Zucker (Singular)		
die Cola, die Colas		

		Meine Sprache
der Saft, die Säfte	Ich möchte bitte ein Glas Saft.	
das Wasser (Singular)		
die Zitrone, die Zitronen		
der Honig (Singular)		
arbeiten	Er arbeitet in Leipzig.	
mit ↔ ohne	Mit Milch, ohne Zucker.	
mit Eis		
bitte		
Viel Spaß!		

➔ KB 12–17

das Zimmer, die Zimmer	Ist das dein Zimmer?	
der Laptop, die Laptops		
der Computer, die Computer		
die Musik (Singular)		
die Gitarre, die Gitarren		
das Klavier, die Klaviere		
der Sport (Singular)		
der Ball, die Bälle	der Fußball, der Basketball	
das Fahrrad, die Fahrräder		
Fahrrad fahren	Ich fahre gern Fahrrad.	
Musik hören		
spielen		
Gitarre spielen	Felix spielt Gitarre.	
Klavier spielen		
Fußball spielen	Möchtest du Fußball spielen?	
Basketball spielen		
Karten spielen		
Sport machen	Möchtest du Sport machen?	
am Computer spielen		
sehen		

		Meine Sprache
lesen		
lernen		
treffen	Ich treffe Freunde.	
schwimmen		
skaten		
wichtig		
fertig		
okay		
lieber	Ich möchte lieber das Haus sehen.	
draußen	Leon ist lieber draußen.	
heute		
zuerst	Zuerst macht er Hausaufgaben.	
dann		
fast	Ich bin fast fertig!	
aber	Das ist langweilig, aber wichtig!	
Ja, klar!		
Das macht Spaß!		

1 Welche Berufe findest du in der Wortliste? Notiere.

1. der ______________________, die ______________________
2. der ______________________, die ______________________

2 Was macht man im Zimmer? Ergänze.

1. Musik ☐☐☐☐☐
2. G☐☐☐☐☐☐ spielen
3. K☐☐☐☐☐ spielen
4. l☐☐☐☐
5. l☐☐☐☐☐

3 Das Haus von Familie Lenz

➔ KB 1–4

		Meine Sprache
das Wohnzimmer, die Wohnzimmer		
das Schlafzimmer, die Schlafzimmer		
das Arbeitszimmer, die Arbeitszimmer		
die Küche, die Küchen		
das Bad, die Bäder		
zeigen	Ich zeige Sofia das Haus.	
praktisch		
sauber		
ordentlich		
gemütlich ↔ ungemütlich		
hell ↔ dunkel		
ein bisschen	Das Bad ist ein bisschen dunkel.	
immer	Die Küche ist immer sehr sauber.	

➔ KB 5–10

das Bett, die Betten		
der Schrank, die Schränke		
der Tisch, die Tische		
der Stuhl, die Stühle		
die Lampe, die Lampen		
die Dusche, die Duschen		
der Spiegel, die Spiegel		
die Pflanze, die Pflanzen		
das Sofa, die Sofas		
der Sessel, die Sessel		
das Regal, die Regale		
der Kühlschrank, die Kühlschränke		

		Meine Sprache
der Herd, die Herde		
schwarz		
grau		
braun		
rot		
orange		
gelb		
grün		
blau		
lila		
rosa		
weiß		
Was?	Was ist weiß und braun?	

KB 11–17

die Flasche, die Flaschen		
das Mäppchen, die Mäppchen	Das Mäppchen von Felix ist lustig.	

1 **Welche Adjektive aus der Wortliste passen? Notiere.**

positiv +: ______

negativ –: ______

2 **Maskulin, neutral oder feminin? Markiere in der Wortliste.**

das Wohnzimmer,

3 **Wie heißen die Farben? Ergänze.**

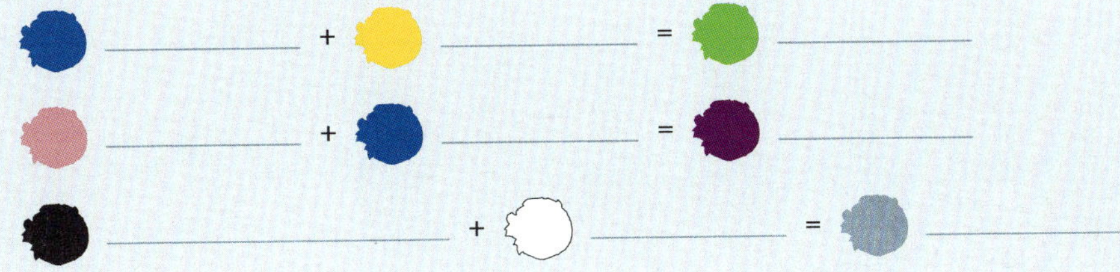

Meine Wörter

		Meine Sprache

		Meine Sprache

Kommunikation auf einen Blick

Begrüßung und Verabschiedung

Guten Tag!	Auf Wiedersehen!
Hallo!	Tschüss!
Hi!	Bis morgen!

Vorstellung

● Ich heiße … Wie heißt du?
● Ich bin … Wer bist du?

● Wer ist das?
○ Das ist Frau … / Herr …
○ Das ist mein Opa / mein Vater / mein Bruder / …
meine Oma / meine Mutter / meine Schwester / …

● Wie alt bist du?
○ Ich bin … (Jahre alt). Und du?
● Ich auch! / Ich bin …

● Hast du Geschwister?
○ Ja, ich habe einen Bruder / eine Schwester / zwei Brüder / zwei Schwestern / …
○ Nein, Ich habe keine Geschwister.

Wohnort

● Wo wohnst du?
○ Ich wohne in Berlin.

● Wie ist deine Adresse?
○ Spreestraße 23.

● Wo liegt …?
○ … liegt im Norden / im Süden / im Westen / im Osten / in der Mitte von …

Zu Besuch

- ● Wie geht's?
- ○ Super. / Sehr gut. / Gut, danke! Und dir?
- ● Auch gut. / Es geht. Ich bin müde. / Nicht so gut. Ich bin krank.

- ● …, wie geht's dir? Möchtest du etwas trinken?
- ● Frau/Herr …, wie geht's Ihnen? Möchten Sie etwas trinken?

- ● Möchtest du / Möchten Sie ein Glas Wasser?
- ○ Ja, bitte. / Ja, gern.
- ○ Nein, danke.

- ● Möchtest du Musik hören?
- ○ Ja, gern.
- ○ Nein, ich möchte nicht Musik hören. Ich möchte lieber Karten spielen.

- ● Das Zimmer ist nicht groß / nicht sehr groß / ein bisschen klein / sehr klein.

- ● Was machst du?
- ○ Ich lese.
- ○ Ich spiele Gitarre.
- ○ Ich mache Sport.

Audios
Tontechnik und Produktion: Bauer Studios, Ludwigsburg
Sprecherinnen und Sprecher: Jake Bickelmann, Philna Naomi Heitkamp, Anuschka Herbst, Stela Katic, Vinzent Laich, Vincent Maier, Anjara Löwe, Jenny Ulbricht, Kayra Uysal, Lili Vogelsang, Benedict Walesch

Lieder
Text: Bettina Melchers, Las Rozas de Madrid
Komposition und Produktion: Johannes Then, Freising

Filme
Drehbuch: Coleen Clement, Berlin
Regie und Postproduktion: Marco Fracassa, Berlin
Kamera und Postproduktion: Vlad Margulis, Berlin
Redaktion: Ondřej Kotas, Berlin
Hauptdarsteller: Elias Saad

Grammatik-Clips und Online-Übungen
von Coleen Clement, Berlin
Audioaufnahmen: Bauer Studios, Ludwigsburg
Produktion: Marion Weis

Bildquellen

Coverfoto: Thomas Weccard, Ludwigsburg
Fotos in Berlin: Stephan Klonk, Berlin: **3, 4, 5, 11.1, 12, 15, 16.1, 17, 20, 22.1, 22.7, 28, 31.2, 31. 3, 31.4, 31.8, 31.14, 33, 45, 46, 47, 54, 55, 57, 58, 59, 62, 63, 66.1, 66.2, 66.3, 80.3, 89.1, 92.2, 92.3, 92.4, 94, 112.1, 112.2, 118**

Alle emojis: **https://openmoji.org**, ein open-source-Projekt der Hochschule für Gestaltung Schwäbisch Gmünd. Wir bedanken uns bei Team und Urhebern von OpenMoji 12.1 für die großzügigen Nutzungsrechte

123RF.com, Nidderau: **48, 108, 124.1** (Oleksandr Plakhotniuk); **50.6, 110.2** (Markus Mainka); **50.1** (jakobradlgruber); **50.2** (uhland38); **50.3** (Chris Dorney); **50.4** (jvdwolf); **56.1** (alphaspirit); **56.2** (stylephotographs); **56.3** (ostill); **61.1, 122.1** (Alexander Korzh); **61.4** (Sergei Furtcev); **66.4** (Anton Starikov); **66.6, 120.4** (believeinme33); **80.1** (Graham Oliver); **91.1** (Nynke Van Holten); **91.2** (Eric Isselee); **91.3** (Oleksandr Lytvynenko); **98.1** (Ian Allenden); **98.2, 98.3** (goodluz); **110.6** (lauradibiase); Bigstock, New York, NY: **32.1** (Gritsivfoto); **38** (Jackfrog); **57.11** (bocko); **57.12** (UserSam2007); **57.5, 115.6** (EnjoyLife); **57.4, 115.2** (Janp); **57.3, 115.3** (AtlasStudio); **57.8, 115.1** (JLV Image Works); **57.7, 115.7** (ilker canikligil); **57.2, 115.10** (picturepartners); **61.2** (Bombaert Patrick); **61.3** (Snaprender); Getty Images, München: **7.2** Torte (bonchan); **7.3** Musiknoten (adamkaz); **7.4** Mozart (Grafissimo); **7.6** Fahne (jpa1999); **7.7** Computer (Django); **7.11** Hamburger (Floortje); **7.12** Skifahrer (mbbirdy); **7.13** Begrüßung (damircudic); **7.14** (GA161076); **7.15** (mehmetbuma); **7.16** (VanReeel); **10.1** Trikot (RichVintage); **10.2** Geldschein (acilo); **10.7** Kuchen (aluxum); **11.2** (frankpeters); **11.3, 110.1** (Nikada); **13.1** (Richard Drury); **13.2, 22.2, 92.1** (Luis Alvarez); **13.3** (pink_cotton_candy); **13.4** (Juanmonino); **16.3** (NADOFOTOS); **22.5** (FamVeld); **22.6, 31.1, 31.7** (Wavebreakmedia Ltd); **22.3, 92.5** (Ridofranz); **22.4, 89.2** (jpmediainc); **24** (pikepicture); **31.9, 31.10, 31.12, 31.13** (papparaffie); **31.11** (Detailfoto); **32.2** (fstop123); **34.1** (Xurzon); **50.5** (matejphoto); **51** (AlexandrBognat); Klett-Archiv, Stuttgart: **10.3, U2**; Porsche **7.10**; Quelle: Elspaß, Stephan / Robert Möller (2003ff.): Atlas zur deutschen Alltagssprache (AdA). URL: www.atlas-alltagssprache.de © Atlas zur deutschen Alltagssprache (Elspaß/Möller) **44.1**; Schokolade **7.1**; Shutterstock, New York: **10.5** (luca pbl); **10.6** (Eag1eEyes); **25.1** (simona pilolla 2); **25.2, 82.2, 90.6, 112.4** (Monkey Business Images); **25.3** (Skydive Erick); **25.4** (Olena Yakobchuk); **25.5** (fizkes); **25.6, 112.3** (Iakov Filimonov); **34.2, 69.5, 122.6** (Africa Studio); **35** (Brocreative); **37** (Sergey Novikov); **49.9, 109.1, 49.12, 109.7** (Pensiri); **49.4, 109.15** (M-vector); **49.10, 109.6** (Steinar); **49.14, 109.12** (KittyVector); **49.8, 109.14** (Puckung); **49.6, 109.8** (Iconic Bestiary); **49.13, 109.13, 125.1** (Tashal); **49.3, 109.3** (Vilnis Karklins); **49.15, 109.2** (Jozsef Bagot); **49.2, 109.5, 124.2** (gst); **49.1, 109.11** (best4u); **49.11, 109.4** (SKARIDA); **49.5, 109.9, 124.3** (VoodooDot); **49.7, 109.10** (Aliaksandr Radzko); **53.1** (cge2010); **53.2** (nikolae); **57.8, 115.12** (Prostock-studio); **57.6, 115.4** (Olga Sweet); **57.7, 115.13** (Nataliia K); **57.13** (Kovaleva_Ka); **58.2** (Boyko.Pictures); **66.8, 122.11** (artjazz); **66.5** (jirawatfoto); **66.7, 122** (Jambals); **67.3, 120.1** (Plus69); **67.2** (Ovedenie); **67.4** (Alexander Tolstykh); **67.5, 69.7, 120.2** (Neamov); **67.6** (ShalenaOlena); **69.1** (bluehand); **69.2, 120.3** (Bamidor); **69.3, 69.4, 122.9, 122.9** (kibri_ho); **69.6** (caimacanul); **70.2** (petite lili); **70.3** (angelh); **70.1, 102, 127.2.3** (Janos Levente); **71** (maradaisy); **78** (Helha); **80.2** (Andrey Arkusha); **82.1** (Kleber Cordeiro); **82.3** (oliveromg); **82.4** (Kiselev Andrey Valerevich); **83.1, 86.2** (New Africa); **83.2** (Dean Drobot); **83.3** (paulaphoto); **83.4** (Stockfotografie); **86.1** (PanicAttack); **90.1** (Hogan Imaging); **90.2** (DenisNata); **90.3** (George Dolgikh); **90.4** (Minerva Studio); **90.5** (pikselstock); **100.1** (MSSA); **100.2** (Sudowoodo); **101.1** (america365); **101.2** (Dian Elvina); **102.1** (Beatriz Gascon J); **104.1** (Tartila); **104.2** (AF studio); **104.3** (mspoint); **110** (Ambasador); **110** (np92); **110.5** (Marcin Kurek); **111** (Rick Neves); **114** (conrado); **117** (Peter Fuchs); **119.1** (paul prescott); **119.2** (trekandshoot); **119.3** (Artazum); **120.6, 122.5** (Maxx-Studio); **120.5** (Valentyna Chukhlyebova); **122.2** (Smileus); **122.3** (Dima Moroz); **122.4** (Romariolen); **123.1** (Winai Tepsuttinun); **123.2** (Lucie Lang); **123.3** (Olga Popova); **123.4** (grynold); **123.5** (ArtemSh); **125.2** (Sabelskaya); **126** (Andrew Rybalko); **127.1** (Lorelyn Medina); **128.1** (olegtoka); **128.2** (vectorplus); **129.2** (pikepicture); **130.1** (olhahladiy); **130.2** (Aleksangel); **130.3** (Laralova); ullstein bild, Berlin: **7.8** FC Bayern München (GASPA); **7.9** Sebastian Vettel (Melzer); © AMPELMANN GmbH **7.5**